Para

com votos de paz.

/ /

DIVALDO FRANCO
Pelo Espírito JOANNA DE ÂNGELIS

CONSTELAÇÃO FAMILIAR

Salvador
3. ed. – 2023

COPYRIGHT ©(2008)
CENTRO ESPÍRITA CAMINHO DA REDENÇÃO
Rua Jayme Vieira Lima, 104
Pau da Lima, Salvador, BA.
CEP 412350-000
SITE: https://mansaodocaminho.com.br
EDIÇÃO: 3. ed. (15ª reimpressão) – 2023
TIRAGEM: 5.000 exemplares (milheiro: 65.000)
COORDENAÇÃO EDITORIAL
Lívia Maria Costa Sousa

REVISÃO
Luciano Urpia • Plotino Ladeira da Matta
CAPA
Cláudio Urpia
MONTAGEM DE CAPA
Ailton Bosco
EDITORAÇÃO ELETRÔNICA
Neusa Araújo
COEDIÇÃO E PUBLICAÇÃO
Instituto Beneficente Boa Nova

PRODUÇÃO GRÁFICA
LIVRARIA ESPÍRITA ALVORADA EDITORA – LEAL
E-mail: editora.leal@cecr.com.br

DISTRIBUIÇÃO
INSTITUTO BENEFICENTE BOA NOVA
Av. Porto Ferreira, 1031, Parque Iracema. CEP 15809-020
Catanduva-SP.
Contatos: (17) 3531-4444 | (17) 99777-7413 (WhatsApp)
E-mail: boanova@boanova.net
Vendas on-line: https://www.livrarialeal.com.br

Dados Internacionais de Catalogação na Publicação (CIP)
(Catalogação na fonte)
BIBLIOTECA JOANNA DE ÂNGELIS

F825	FRANCO, Divaldo Pereira. (1927)
	Constelação familiar. 3. ed. / Pelo Espírito Joanna de Ângelis [psicografado por] Divaldo Pereira Franco, Salvador: LEAL, 2023. 200 p. ISBN: 978-85-61879-79-2
	1. Espiritismo 2. Educação 3. Família I. Título II. Divaldo Franco
	CDD: 133.93

Bibliotecária responsável: Maria Suely de Castro Martins – CRB-5/509

DIREITOS RESERVADOS: todos os direitos de reprodução, cópia, comunicação ao público e exploração econômica desta obra estão reservados, única e exclusivamente, para o Centro Espírita Caminho da Redenção. Proibida a sua reprodução parcial ou total, por qualquer meio, sem expressa autorização, nos termos da Lei 9.610/98.
Impresso no Brasil | Presita en Brazilo

SUMÁRIO

Constelação familiar	9
1. Os primeiros passos	15
2. O educandário familiar	21
3. Os genitores	27
4. Os filhos	35
5. Os irmãos entre si	43
6. A presença dos avós	49
7. Os tios	55
8. Outros parentes	61
9. Os vizinhos	67
10. Educação e paz na família	73
11. Educação doméstica	79
12. Educação para a amizade	85

13. Educação pelo trabalho   91

14. Educação para a coragem   97

15. Educação sexual   103

16. Relacionamentos sociais   109

17. Relacionamentos familiares   115

18. Mediunidade na família   121

19. Transtornos de conduta na família   127

20. Provas e expiações no lar   133

21. Presença do Evangelho no lar   139

22. Orientação religiosa na família   145

23. Turbulências familiares   151

24. Drogadição na família   157

25. Tragédias no lar   163

26. Desencarnação na família   169

27. Integração na família   175

28. A família em plenitude   181

29. A família hodierna   187

30. Constelação familiar perene   193

"775. Qual seria, para a sociedade, o resultado do relaxamento dos laços de família?

Uma recrudescência do egoísmo."

(O Livro dos Espíritos – Parte III, Cap. VII)[1]

"Há, pois, duas espécies de famílias: as famílias pelos laços espirituais e as famílias pelos laços corporais."

(O Evangelho segundo o Espiritismo – Cap. XIV, Item 8)[2]

---

1. *O Livro dos Espíritos*, de Allan Kardec – 29ª edição da FEB.
2. *O Evangelho segundo o Espiritismo*, de Allan Kardec – 52ª edição da FEB (notas da autora espiritual).

CONSTELAÇÃO FAMILIAR

A família é a base fundamental sobre a qual se ergue o imenso edifício da sociedade.

No pequeno grupo doméstico, inicia-se a experiência da fraternidade universal, ensaiando-se os passos para os nobres cometimentos em favor da construção da sociedade equilibrada. Em razão disso, toda vez que a família se entibia ou se enfraquece, a sociedade experimenta conflitos, abalada nas suas estruturas.

Vive-se, na Terra, destes dias, injustificável agressão à constelação familiar, defluente dos transtornos e insatisfações que tomam as mentes e os corações juvenis.

Aturdidos ante os tormentos que vêm assaltando os adultos, alguns, irresponsáveis, outros, imaturos em relação aos compromissos graves do lar, que se deixam arrastar pelas utopias do prazer, em detrimento das bênçãos do dever em relação à família, desgarram-se, e, sem rumo, atiram-se nos resvaladouros da alucinação, desesperados, investindo contra o instituto doméstico.

A aparente falência das uniões consagradas pelo matrimônio, assim como a de todas aquelas que frutesceram em *descendentes, não é da família, mas da desestruturação da ética e da moral, vitimadas pelas mudanças impostas pelos denominados novos tempos, nos quais, escravizando-se às paixões dissolventes, os indivíduos optam pela ansiosa conquista das coisas e dos fetiches da tecnologia que os distraem e entorpecem.*

A decadência dos dogmas arbitrários e dos estatutos punitivos estabelecidos por algumas doutrinas religiosas do passado, que vêm sucumbindo ante os camartelos da evolução científica e experimental, tem facultado maior espaço para a ampliação do materialismo existencialista, centrando no corpo toda a realidade da vida, e através do seu uso a única oportunidade de desfrutar os gozos, que logo se consomem ante a presença da morte.

Em assim sendo a realidade humana, a pressa pela fruição de todas as sensações possíveis apresenta-se na condição de meta que deve ser alcançada a qualquer preço, para não se perder a oportunidade de viver bem, quando o ideal seria bem viver.

O irrefragável passar do tempo, cada dia com maior celeridade, em face das complexas engrenagens existenciais e da busca para a manutenção da vida, oferece uma visão incorreta em torno da sua dimensão. Aqueles que se debatem na ambição e se esfalfam pelo ter, pelo poder, pelo desfrutar, veem-no rápido demais para atender a todas as suas necessidades. Aqueloutros, que se encontram em conflitos, irrealizados, enfermos, acreditam que ele não transcorre como deveria, e sim morosa, dolorosamente...

Como efeito, os jovens atiram-se nos emaranhados processos de busca do deleite sem qualquer freio, enquanto os adultos apresentam os primeiros sinais de cansaço, tentando renovar

Constelação familiar

programas em favor de novas satisfações, ao tempo em que os velhos, ante tantas facilidades que não fruíram antes, em razão dos preconceitos e dos limites impostos na época, deprimem-se, lamentando o que consideram haver perdido...

Nesse báratro, a família torna-se um campo de lutas ásperas entre os princípios de equilíbrio que a devem constituir e as facilidades que proporcionam correspondência em relação aos desvarios propostos por pensadores de ocasião e pelas aberrações divulgadas através da mídia extravagante.

A denominada luta de gerações, na qual os reais valores da dignificação humana são ultrajados pelas proposições modernistas do hoje, do aqui e do agora, favorece a debandada do lar pelos jovens, incapazes ainda de orientar a existência, de enfrentar os desafios, de viver em equilíbrio.

Inexperientes e deseducados, arrimados mais à astúcia do que à inteligência e à razão, tornam-se vítimas fáceis das armadilhas que encontram pela frente, sem as perceber...

Faltando o lar seguro, buscam organizar tribos e reagem a tudo que os vincule à estrutura familiar, dando lugar a novos hábitos e a costumes próprios, matando as imagens ancestrais e construindo a própria identidade, agressiva e arrogante, estranha e especial, em nome da liberdade de pensamento e de ação, que o tempo demonstra frágil e sem sustentação em longo prazo.

Os pioneiros e militantes dos movimentos rebeldes dos anos sessenta, hoje envelhecidos, arrependidos uns, enfermos outros, dependentes da drogadição ainda outros tantos, sem nos referirmos aos que foram devorados pelos vícios, pelas enfermidades, que transformaram o sonho em sofrimento, reveem os programas fantasiosos e alucinantes daquela época tomados pela amargura e pelo cansaço...

Incontáveis deles, incapazes de construir família, mudaram de parceiros conforme os ventos da sensação e da moda, produziram frutos amargos, na condição de filhos mais rebeldes e mais insatisfeitos do que eles próprios, com as exceções compreensíveis, terminando a caminhada terrestre hoje desacompanhados, pessimistas e tristes.

A família, no entanto, vem sobrevivendo estoicamente aos golpes que lhe têm sido desferidos, os códigos de ética, lentamente vêm sendo revividos, aumentando o número de matrimônios, enquanto diminui o de divórcios, em respeito à monogamia, a mais elevada expressão do afeto, no processo da evolução antropossociopsicológica, à fidelidade e ao respeito pelo outro...

O ser humano é estruturalmente constituído para viver em família, a fim de desenvolver os sublimes conteúdos psíquicos que lhe jazem adormecidos, aguardando os estímulos da convivência no lar, para liberá-los e sublimar-se.

Quando procria com responsabilidade atinge um dos momentos clímax da existência, especialmente quando se torna consciente do significado da progenitura.

Em forma de instinto que confere aos animais o cuidado com a prole e o seu amparo, no ser humano essa energia atinge a faixa de sentimento superior, que induz ao zelo e à proteção, chegando mesmo ao sacrifício em favor da sua preservação. Quando ocorre o contrário, trata-se de uma patologia, um transtorno de natureza psicológica ou psiquiátrica.

Há, em todas as formas de vida, essa energia divina que, no ser humano, apresenta-se em forma de consciência, de discernimento, de razão, de amor, de sabedoria.

Na família, esse nobre sentimento encontra campo fértil para desenvolver-se, felicitando os seres frágeis que reiniciam a jornada, bem como aqueles que lhes constituem a segurança.

Por essas e muitas outras razões, a constelação familiar jamais desaparecerá da sociedade terrestre, dando lugar ao enfermiço egoísmo, pelo contrário, superando-o com beleza espiritual.

❖

Acompanhando o processo de evolução que se opera no Planeta abençoado, que nos serve de colo de mãe para o crescimento na direção do Genitor Divino, reflexionamos por largo período em torno da família e reunimos, no presente livro, trinta temas que dizem respeito à afetividade, ao mecanismo de desenvolvimento espiritual e moral do ser humano, como singela contribuição em favor da constelação doméstica.

Reconhecemos a singeleza das abordagens, a falta de informações que ainda não tenham sido apresentadas por outros estudiosos das questões abordadas, porém, considerando a valiosa contribuição do Espiritismo para o desenvolvimento ético-moral do Espírito, oferecemos nossa modesta cooperação como um pouco do fermento, que pode fazer crescer a massa que se transformará em pão mantenedor da vida.

Agradecendo ao Senhor Jesus pela oportunidade que nos concede de servir na Sua seara, somos Sua servidora humílima.

Salvador, noite de Natal de 2007.[3]
JOANNA DE ÂNGELIS

---

3. Com a presente obra, homenageamos o Sesquicentenário da *Revista Espírita* (*Revue Spirite*), publicada pelo egrégio codificador do Espiritismo, Allan Kardec, em Paris, França, no dia 1º de janeiro de 1858.

1

OS PRIMEIROS PASSOS

A família, sem qualquer dúvida, é bastião seguro para a criatura resguardar-se das agressões do mundo exterior, adquirindo os valiosos e indispensáveis recursos do amadurecimento psicológico, do conhecimento, da experiência para uma jornada feliz na sociedade.

Nem sempre compreendida, especialmente nos dias modernos, a família permanece como educandário de elevado significado para a formação da personalidade e desenvolvimento afetivo, mediante os quais se torna possível ao Espírito encarnado a aquisição da felicidade.

Animal biopsicossocioespiritual, o ser humano não pode prescindir da convivência familiar, porque o instinto gregário que lhe comanda a existência, indu-lo à busca do grupo, qual sucede entre outros animais que vivem em família, protegendo-se e preparando-a para a própria independência.

Escarnecida, no entanto, pelo cinismo filosófico de ocasião, que preconiza a desenfreada corrida pelas trilhas do prazer insaciável, permanece como organização insuperável para a construção da sociedade harmônica.

Examinada pela ótica distorcida daqueles que não experimentaram o convívio saudável no lar, acusam-na de ser responsável pelos conflitos que os assaltam.

Certamente, em muitas famílias, os fatores de desequilíbrio são dos indivíduos imaturos ou autoritários que descarregam os tormentos de que são vítimas, naqueles que, indefesos, encontram-se sob a sua guarda. Tal comportamento não é responsabilidade da família, em si mesma, porquanto, em vez de acusação indevida, seria ideal que fossem trabalhados os fatores que geram desequilíbrios, corrigindo e orientando os membros que a constituem.

O lar é o celeiro de bênçãos, no qual se coletam as informações e a vivência edificante, tornando-se o primeiro núcleo de socialização da criança, que aí haure as experiências dos ancestrais, adquirindo os hábitos que deverão nortear a sua caminhada existencial.

Se por acaso não são saudáveis os recursos que lhe são dispensáveis, ao abandono ou à mercê das agressões do mundo em desgoverno, e isso ocorre, muito mais graves se lhe apresentam as conjunturas, dando-lhe informações destituídas de significado superior e levando-a a atitudes agressivas como mecanismo de defesa em razão dos contínuos enfrentamentos a que se vê constrangida suportar.

No lar, desenvolvem-se a afetividade, o respeito pelos direitos alheios, o despertamento para os próprios direitos sem as extravagâncias nem os absurdos de atribuir-se méritos a quem realmente não os possui.

Esse grupamento familiar, no entanto, não é resultado casual de encontros apressados no mundo físico, havendo ocorrido nas Esferas espirituais antes do renascimento orgânico, quando são desenhadas as programações entre os

Espíritos comprometidos, positiva ou negativamente, para os ajustamentos necessários ao progresso a que todos se encontram submetidos.

Analisando-se, portanto, as necessidades evolutivas, aqueles que se encontram com responsabilidades a cumprir juntos constatam a excelência do cometimento que lhes ensejará reparação e crescimento intelecto-moral, em face dos erros transatos, facultando-se a tolerância e o perdão das ofensas como fundamentais para a aquisição da harmonia.

Nada obstante, quando ocorre a reencarnação, em face dos impulsos ancestrais que predominam em sua natureza animal, enquanto aguarda aquele Espírito com o qual deverá edificar a família, compromete-se, por precipitação e indisciplina moral, com o primeiro ser que defronta e nele desperta os impulsos que favorecem as sensações fortes, terminando em lamentável fracasso.

Enquanto a sociedade, em geral, permanecer guindada aos interesses imediatistas, especialmente no que diz respeito às sensações, a afetividade expressando-se através dos impulsos malconduzidos, os resultados das uniões sexuais serão sempre frustrantes e amargos.

Em razão dessa falsa necessidade de atendimento das funções genésicas, os Espíritos desviam-se dos caminhos anteriormente traçados, conduzidos pelos costumes fesceninos, pela permissividade exagerada, transitando em agonia, buscando, mesmo sem saber o que desejam...

Não poucas vezes, como decorrência dessa insânia, ao reencontrar o Espírito afim, aquele com o qual houvera assumido o compromisso de união para a edificação da família, as possibilidades já não são favoráveis, o que se transforma em maior desconforto, dando lugar a conflitos tormentosos de efeitos deploráveis.

O excesso de liberdade moral que viceja na atualidade e as apetitosas ofertas do prazer facultam experiências irresponsáveis por falta do necessário amadurecimento psicológico para os cometimentos sexuais, que se fazem apressados e extravagantes.

Não pensando nas suas consequências, quando ocorre a concepção de seres não desejados, logo se pensa em recorrer ao aborto criminoso, em hedionda conduta que deve ser gravemente enfrentada por todos os cidadãos conscientes da sua condição de humanidade.

É claro que, na estrutura emocional daquele que assim se comporta, não existe espaço mental nem moral para a construção do núcleo familiar.

Em face da situação em que se encontra, surgem as uniões e as separações, cada vez mais perturbadoras, porque logo passam os apetites vulgares, gerando comportamentos promíscuos, nos quais os indivíduos ansiosos mais se afligem.

Numa cultura social saudável, os primeiros relacionamentos afetivos têm por finalidade a vivência do companheirismo, o desabrochar da amizade, passo inicial para a manifestação do amor sem perturbação e com caráter duradouro.

O erotismo, porém, que grassa, não permite aos indivíduos a convivência que lhes faculta o desvelar-se, o conhecimento, sem a ocorrência dos violentos conúbios sexuais de efeitos insatisfatórios, que dão lugar a decepções ou levam ao desbordar das paixões da libido mal direcionada.

Unem-se os solitários egoístas, preparados para a separação, mediante a cultura da indiferença afetiva, como consequência da filosofia consumista de que se vive em sociedade, na qual tudo é descartável, inclusive as afeições humanas.

Este comportamento, dizem, para não sofrerem quando ocorrer a ruptura da frágil união.

Certamente há grandiosas e inumeráveis exceções, particularmente naqueles Espíritos que se permitem esperar pelo ser que lhes proporcione emoção e alegria de viver, facultando-lhes a união feliz, coroada pela prole com a qual estão comprometidos.

O namoro, portanto, é o primeiro passo no caminho a percorrer afetivamente, quando há o respeito moral recíproco e o anelo pela convivência benéfica.

Embora seja essencial a união sexual, o fundamental é o sentimento de amor que pode resistir aos embates do relacionamento a dois, e depois, com o grupo de Espíritos renascidos no corpo físico, constituindo o santuário doméstico.

Na primeira fase, ocorrem os fenômenos relacionados às necessidades afetivas sem os impulsos primários, nascidos no reconhecimento espiritual do outro.

Lentamente, planificam-se as aspirações e trabalha-se pela sua execução harmônica, o que propicia bem-estar e alegria com a presença física, sem qualquer tipo de tormento.

Quando, em sentido oposto, o namoro se transforma em convivência sexual, desaparece o interesse de permanência, enquanto a afetividade diminui, cedendo lugar ao hábito destituído de meta procriativa, construção familiar.

A constelação familiar, no namoro encontra a pedra angular para o futuro alicerce doméstico, que deverá resistir às tormentas do quotidiano.

Familiares difíceis e gentis procedem, portanto, da programação anteriormente traçada, que o amor do casal conseguirá conduzir com sabedoria.

[...] E, quando o problema se apresentar entre os parceiros, a consciência do dever se encarregará de bem orientar o comportamento de ambos em favor do êxito do empreendimento familiar.

2

O EDUCANDÁRIO FAMILIAR

A família é o resultado do largo processo evolutivo do Espírito na extensa trajetória vencida por meio das sucessivas reencarnações.

Resultado do instinto gregário que une todos os animais – aves, répteis e peixes – em grupos que se auxiliam e se interdependem reciprocamente, no ser humano atinge um estágio relevante e de alta significação, em face da conquista do raciocínio, da consciência.

Dessa forma, a família é o alicerce sobre o qual a sociedade se edifica, sendo o primeiro educandário do Espírito, onde são aprimoradas as faculdades que desatam os recursos que lhe dormem latentes.

A família é a escola de bênçãos onde se aprendem os deveres fundamentais para uma vida feliz e sem cujo apoio fenecem os ideais, desfalecem as aspirações, emurchecem as resistências morais.

Quando o indivíduo opta pela solidão, exceção feita aos grandes místicos e pesquisadores da Ciência, filósofos e artistas que abraçam os objetivos superiores como a sua família, termina sendo portador de transtorno da conduta e da emoção.

Organizada, a família, antes da reencarnação, quando são eleitos os futuros membros que a constituirão, ou sendo resultado da precipitação e imprevidência sexual de muitos indivíduos, é sempre o santuário que não pode ser desconsiderado sem graves prejuízos para quem lhe perturbe a estrutura.

É permanente oficina onde se caldeiam os sentimentos e as emoções, dando-lhes a direção correta e a orientação segura para os empreendimentos do futuro.

Por essa razão é que não se vive na família ideal, aquela na qual se gostaria de conviver com Espíritos nobres e ricos de sabedoria, mas no grupo em que melhor são atendidas as necessidades da evolução.

Não poucas vezes, no grupo doméstico ressumam as reminiscências perturbadoras do Além ou de outras existências, que devem ser trabalhadas pelo cinzel da misericórdia, da tolerância e da compaixão, a fim de que sejam arquivadas como diferentes emoções enobrecidas, que irão contribuir em favor do progresso de todos.

De inspiração divina, a família é a oportunidade superior do entendimento e da vera fraternidade, de onde surgirá o grupo maior, equilibrado e rico de valores, que é a sociedade.

Por isso, no momento em que a família se desestrutura sob os camartelos da impiedade e da agressão, ou se dilui em face da ilusão acalentada pelos seus membros, ou se desmorona em razão da imprevidência, a sociedade sofre um grande constrangimento.

Constelação familiar

No lar, fomentam-se e desenvolvem-se os recursos da compreensão humana ou da agressividade e ressentimento contra as demais criaturas.

A constelação familiar não é uma aventura ao país enganoso do prazer e da fantasia, mas uma experiência de profundidade, que faculta a verdadeira compreensão da finalidade da existência terrena com os olhos postos no futuro da Humanidade.

Campo experimental de lutas íntimas e externas, constitui oportunidade incomum para que o Espírito se adestre nos empreendimentos pessoais, sem perder o contato com a realidade externa, com as demais pessoas.

Mesmo quando não correspondendo às expectativas pessoais, em face do reencontro com adversários ou caracteres inamistosos, no lar adquire-se a necessária filosofia existencial para conduzir-se com equilíbrio durante toda a existência.

O exercício da paciência no clã familiar é valiosa contribuição para a experiência iluminativa, porquanto, se aqueles com os quais se convive tornam-se difíceis de ser amados, gerando impedimentos emocionais que se sucedem continuamente, como poder-se vivenciar o amor em relação a pessoas com as quais não se tem relacionamento, senão por paixão ou sentimentos de interesse imediatista?

No lar, onde se é conhecido e muito dificilmente se podem ocultar as mazelas interiores, são lapidadas as imperfeições em contínuos atritos que não devem resvalar para os campeonatos da indiferença ou do ódio, do ciúme ou da revolta.

Aquele que hoje se apresenta agressivo e cínico no grupo doméstico, dando lugar a guerrilhas perversas, encontra-se doente da alma, merecendo orientação e exigindo mais paciência.

Ninguém se torna infeliz por mero prazer, mas em consequência de muitos fatores que lhe são desconhecidos. O próprio paciente ignora o distúrbio de que é portador, detendo-se, invariavelmente, no tormento em que se debate, sem capacidade de discernimento para avaliar os danos que produz no grupo onde se encontra nem compreensão do quanto necessita para autossuperar-se e agir corretamente.

Por isso mesmo, transforma-se em desafio familiar, conduzindo altas cargas tóxicas de antipatia, de agressividade, de desequilíbrio.

A constelação familiar recorda o equilíbrio que vige no Universo: os astros menores giram atraídos pela força dos maiores, no caso específico das estrelas, planetas, satélites e asteroides... No caso em tela, são os pais as estrelas de primeira grandeza cuja força gravitacional impõe-se aos filhos, na condição de planetas à sua volta, assim como de futuros satélites que volutearão no seu entorno sob a atração da afetividade, que são todos aqueles que se vinculam aos descendentes...

Nos astros há perfeita harmonia em face das leis cósmicas que os mantêm em contínuo equilíbrio. No entanto, na família, em razão dos sentimentos, das individualidades, das experiências transatas, o fenômeno é muito diferente, oscilando o equilíbrio conforme o desenvolvimento ético-moral de cada qual, que se apresenta conforme é e não consoante gostaria de ser.

Por mais combatida pelos novos padrões da loucura que grassa na Terra, a família não desaparecerá do contexto social, na condição de *instituição superada*, porque

Constelação familiar

o amor que sempre existirá nos corações se expressará em maior potencialidade no lar, núcleo de formação que é, para expandir-se na direção do colossal grupo humano.

Quem não consegue a capacidade de amar aqueles com os quais convive, mais dificilmente poderá amar aqueloutros que não conhece.

O combustível do amor se inflama com maior potencialidade quando oxigenado pela convivência emocional. Noutras condições, trata-se apenas de atração física passageira, de libido exagerada que logo cede lugar ao desencanto, ao tédio, ao desinteresse...

A família, portanto, é um núcleo de aformoseamento espiritual, que enseja aprendizagem de relacionamentos futuros exitosos.

No grupo animal, quando os filhos adquirem a capacidade de conseguir o alimento, os pais abandonam-nos, quando isso excepcionalmente em algumas espécies não ocorre antes.

No círculo humano da família é diferente: os laços entre pais e filhos jamais se rompem, mesmo quando há dificuldades no relacionamento atual, o que exige transferência para outras oportunidades no futuro reencarnacionista, que se repetem até a aquisição do equilíbrio afetivo.

É da Divina Lei que somente através do amor o Espírito encontra a plenitude, e a família é o *local* em que se aprimora esse sentimento, que se desdobra em diversas expressões de ternura, de abnegação, de afetividade...

Com o treinamento doméstico o Espírito adquire a capacidade de amar com mais amplitude, alcançando a sociedade, que se lhe transforma em *família universal*.

3

OS GENITORES

Uma constelação familiar é constituída por Espíritos afins, seja pelas realizações nobilitantes do amor ou através dos graves compromissos perturbadores a que se vincularam em outras existências. Igualmente pode organizar-se com alguns outros Espíritos que se candidatam à afetividade, em ensaio para a ampliação dos sentimentos afetivos em torno da sociedade em geral, compondo a sociedade universal...

Aos pais cabe a grave e operosa tarefa de autopreparação para o sublime cometimento, graças ao qual se desenvolvem, num incessante crescendo, os valores intelecto--morais, preparando-os para as inestimáveis conquistas da paz e da felicidade que almejam.

Comprometidos antes do renascimento, em face de deveres inadiáveis, os Espíritos que irão constituir o grupo familiar assumem responsabilidades perante a futura prole, elaborando planos e projetos que se devem concretizar quando na organização carnal, de modo a atender o impositivo da evolução.

Consultados os mapas das responsabilidades pessoais, são-lhes apresentados pelos guias espirituais aqueles que deverão constituir-lhes a prole, em cuja convivência desenvolverão os sentimentos de amor e proporão as pautas para o processo de crescimento espiritual, no qual todos deverão atingir as metas que perseguem.

Preparados, portanto, antecipadamente, esses futuros genitores delineiam os programas de autoiluminação, de responsabilidade perante a vida, exercitando a paciência e o amor para o êxito do empreendimento, conscientizando-se das altas responsabilidades que irão assumir.

Reencarnados, avançam, às vezes, por caminhos diferentes até o momento do reencontro, quando se identificam afetuosamente, vinculando-se e providenciando a união conjugal indispensável à organização da família.

Nem sempre, porém, os planos cuidadosamente elaborados conseguem desenvolver-se conforme seria ideal, dentro da programação estabelecida, em face da precipitação emocional e do desajuste psicológico, como decorrência da precipitação e imaturidade sexual, que invariavelmente se transforma em conflito tanto quanto em insatisfação...

Nesse caso, os arroubos da paixão comburem os melhores sentimentos, empurrando os parceiros para o futuro tédio no relacionamento ou para a agressividade como fruto da saturação e do despertar de novos apetites...

Para que sejam evitados dramas dessa natureza é indispensável que haja uma consciência de responsabilidade no uso do sexo, com objetivo primordial em favor da procriação, embora as bênçãos que defluem da verdadeira união dos indivíduos que se renovam mediante os hormônios defluentes do conúbio sejam de natureza fisiológica, assim como aqueles que conduzem as cargas emocionais que os equilibram e pacificam.

A paternidade, portanto, assim como a maternidade, deve ser responsável, consciente do significado da união, a fim de que sejam evitados os danosos recursos do aborto provocado e das suas lamentáveis mazelas de graves consequências.

O aborto jamais resolve ou apaga os erros cometidos por imprevidência, dando lugar ao crime, que agrava o processo evolutivo daquele que o comete.

O amadurecimento psicológico, mediante a consciência do dever, na aquisição do trabalho digno que confere segurança à prole, torna-se impositivo imediato, mesmo antes de ser assumido o compromisso familiar.

A vida não improvisa, sendo toda um trabalho de organização superior que cumpre ser levado adiante com seriedade e segurança.

Desse modo, a disciplina moral na conduta dos parceiros – cônjuges ou não – é fator de relevante significado para a organização familiar, ensejando identificação de sentimentos entre os membros que a constituirão.

Eis por que o amor é fundamental para um legítimo relacionamento afetivo, nunca podendo ser descartado, nem substituído por desvios de comportamento ou dolo moral, envolvendo um ou outro membro da parceria.

Desde quando nasce um filho, os genitores são convidados pela vida a uma mudança de objetivos existenciais.

Antes, enquanto se preparavam para o prazer, para o desfrutar das alegrias da vida em comum, tudo seguia bem, com a chegada do filho uma natural mudança de conduta deve tomar o lugar das aspirações vigentes, porque, a partir de então, a responsabilidade para com o *rebento* da própria carne torna-se primordial.

Os cuidados que o recém-nascido exige alteram completamente os hábitos até então mantidos, propondo novas condutas e atividades, nas quais a renúncia pessoal começa a impor-se em benefício do ser frágil e em desenvolvimento que aguarda apoio e orientação.

A partir daí, são transferidos os prazeres pessoais que se convertem em deveres para com o filhinho, constituindo-se uma felicidade, uma infinita satisfação de cuidá-lo e de dar--lhe a assistência emocional e moral de que tem necessidade, na condição de ave implume que necessita de tempo para desferir o próprio voo...

A conduta dos genitores no relacionamento, de maneira equivalente sofre alteração para melhor, porque educar é oferecer exemplos, desde que o educando copia com mais facilidade as lições vivas que lhe são apresentadas, antes que as teorias com que é informado.

Se os exemplos no lar são fecundos de amor, de respeito e de paciência, os filhos tornam-se afáveis, dignos e gentis, exceção feita àqueles que são portadores de transtornos de conduta ou vítimas de fenômenos teratológicos, por impositivo expiatório necessário.

Mesmo nesses casos, as vibrações defluentes da conduta dos pais contribuem grandemente para a pacificação e o equilíbrio possível desses Espíritos em luta de sublimação pelo cadinho das reparações inadiáveis.

A capacidade de repartir o amor, quando a prole se multiplica, é outro dever de que os genitores se devem conscientizar, evitando a criação de áreas de conflitos por ciúmes reais ou não, através de comportamentos especiais em

Constelação familiar

relação a um, em detrimento de outro, porque todos são procedentes da mesma cadeia genética.

Compreensivelmente, sabe-se que muitos Espíritos que renascem no mesmo lar, nem sempre são credores da mesma afetividade, no entanto, essa é a oportunidade de união e de reparação, harmonizando os sentimentos num mesmo tom vibratório de afetividade.

Infelizmente, a imaturidade psicológica de muitos adultos que se tornam pais, leva-os a comportamentos infantis, procurando manter os mesmos hábitos de antes da constituição da prole.

Considerando-se os modernos padrões de tolerância para com as condutas morais permissivas, esses adultos lamentam não mais poder fruir dos prazeres enganosos, ignorando as novas responsabilidades, a fim de se manterem distantes dos novos deveres que lhes cumpre atender.

Pensam que, tornando-se fornecedores dos recursos que mantêm o lar, já estão sacrificados em demasia para novos comprometimentos e renúncias.

Prosseguem mantendo as atitudes irresponsáveis de antes ou transferindo as suas frustrações para os filhos, oferecendo-lhes satisfações inoportunas e levando-os a assumirem compromissos levianos e frívolos, mais vinculados aos prazeres sensoriais, sem os correspondentes deveres para com o desenvolvimento da inteligência, da moral, da saúde mental.

Muitas mães transferem para as filhas ainda pequenas as angústias e frustrações, tornando-as modelos infantis, que imitam os adultos, roubando-lhes a infância, tirando-lhes as abençoadas oportunidades de viver a quadra de construção de valores significativos, precipitando-lhes o desenvolvimento da sensualidade, do erotismo, do desrespeito pelo corpo e pela vida...

Pais masculinos inescrupulosos iniciam os filhos nos vícios que lhes exornam a personalidade, de cedo os condicionando ao tabaco, ao álcool, à agressividade, ao desrespeito no lar e, posteriormente, na sociedade.

Outros tantos adornam os filhos como se fossem objetos de exibição, e dessa forma exibem-se a si mesmos através deles, chamando a atenção para a aparência sem maior preocupação com o caráter, com a realização íntima.

Os filhos são responsabilidades sérias que não podem ser descartadas sem as consequências correspondentes.

Enquanto não surja uma consciência doméstica fundamentada no amor responsável e profundo, sem os pieguismos da imaturidade psicológica dos indivíduos desajustados, a família sofrerá atrofia de valores morais, tombando na anarquia e no despautério que vêm caracterizando a sociedade contemporânea.

Por outro lado, o amadurecimento sexual extemporâneo, resultado das provocações pornográficas e do erotismo em alta, impulsiona os jovens a relacionamentos rápidos, destituídos de significado, ora por curiosidade, momentos outros por impulsos asselvajados, empurrando meninas ainda adolescentes e totalmente despreparadas para a maternidade, procriando sem consciência e abandonando os filhos, à semelhança de alguns animais que se libertam das crias com total insensibilidade.

Esses órfãos de pais vivos, mesmo quando amparados por avós amargurados, que neles descontam a irresponsabilidade dos filhos, desenvolvem-se, quase sempre sem afetividade, relegados a planos secundários, considerados cargas indesejáveis, que irão dificultar a economia social com pesado ônus.

Revoltados com a situação em que se encontram, reúnem-se em bandos, em tribos, em grupos de excluídos, aumentando os conflitos que explodem nas ruas, nas comunidades, no terrorismo, na criminalidade desordenada...

Outrossim, são recolhidos pelos traficantes de drogas que os utilizam na condição de distribuidores desse sórdido veículo de decomposição moral e humana, parceiros da morte antecipada, que se espalham pelos antros escusos ou surgem nos apartamentos de luxo e de loucura, arrebatando vidas...

O lar, portanto, quanto se perverte, ameaça a estrutura da sociedade.

O lar, no entanto, sustenta-se nos *pilotis* vigorosos que são os genitores, deles dependendo a sua edificação ou o seu soçobro.

O Decálogo mosaico aborda o mandamento no qual a Lei Divina impõe o amor e o respeito ao pai e à mãe, no entanto, é do Soberano Código o impositivo de que os pais devem esforçar-se por merecer o respeito e o amor da prole através da sua conduta em relação a ela.

4

OS FILHOS

Na constelação familiar, a prole é de relevante significação, sem a qual frustra-se a união dos parceiros, diminuindo a intensidade do afeto e da alegria da comunhão constante.

O lar é, essencialmente, o grupo consanguíneo que estrutura a continuidade do clã por determinação divina, organizando a sociedade humana em bases de amor e de progresso ético-moral-intelectual, graças ao qual o Espírito alcança a plenitude.

Constituindo verdadeira provação a ausência de filhos biológicos, quase sempre termina pelo surgimento de mágoas e de inquietações que culminam na dissolução dos vínculos afetivos em forma de separação do casal.

Faz parte da natureza animal e particularmente humana o fenômeno procriativo, por cujo meio as heranças genéticas proporcionam a continuidade da família e a alegria dos pais, realizados emocional e espiritualmente com o sucesso do empreendimento afetivo, conjugando esforços para a harmonia doméstica.

Exceto quando o egoísmo calculista opta pela ausência dos filhos na união dos indivíduos, que procuram somente desfrutar do prazer da convivência e do relacionamento sem a responsabilidade da reprodução, toda união sexual deve pautar-se na expectativa de gerar descendentes.

Naturalmente que, uma programação familiar objetivando o equilíbrio e a educação dos filhos, constitui um compromisso saudável e dignificante, considerando-se que toda convivência que não se renova na estrutura emocional em que se apoia, culmina pelo tédio, pela perda dos estímulos e pela ausência de motivações para manter-se em clima de harmonia.

Quando assim não sucede, o vazio existencial que advém da convivência com o mesmo parceiro, por imaturidade psicológica e pela falta de educação dos hábitos comportamentais, favorece a promiscuidade sexual mediante outras experiências fora do lar, com lamentáveis resultados emocionais, em face da insatisfação que sempre decorre da conduta irresponsável.

A prole, desse modo, proporciona a bênção da alegria defluente do prazer procriativo, através do qual o ser adquire autoconfiança e responsabilidade. É certo que as exceções são muitas, o que não retira a qualidade divina da construção da sociedade melhor do futuro.

Quando os parceiros não compartem dos júbilos afetivos com os filhos ou não repartem com esses rebentos carnais a verdadeira doação de amor, terminam desviando os relevantes projetos da família para a autorrealização, cada um dos quais se preocupando mais com as ambições e projeções do *ego*, buscando o outro somente para a satisfação

Constelação familiar

dos sentimentos sem a amplitude emocional de promovê-lo e felicitá-lo como deveria ser.

Desse modo, o filho constitui o fruto sazonado com que a vida contempla a parceria afetiva.

Mesmo quando nasce assinalado por limites orgânicos ou mentais, aturdido por transtornos emocionais, torna-se um anjo crucificado nos madeiros do sofrimento, necessitado de carinho, de assistência e de educação.

Ao mesmo tempo representa concessão divina para os pais que, dessa forma, se reabilitam com o amor encarcerado na cela sem paredes do resgate espiritual, erguendo-se na direção da plenitude, ao tempo em que o ajudam na ascensão a que tem direito.

Noutras vezes, quando impositivos poderosos assinalam-no com obsessão cruel, em processo de recuperação inadiável, o amor dos pais é-lhe a luz no final do túnel da aflição apontando-lhe a saída libertadora.

Se abençoado pela saúde e pela harmonia física, emocional e mental, mais amplos cuidados devem ser-lhe direcionados, a fim de que a provação da beleza e do equilíbrio não se lhe transforme em desatino ou compromisso perturbador para o futuro.

A família é sempre o sublime laboratório de caldeamento de Espíritos, ensejando as experiências iluminativas mais variadas no educandário terrestre.

Desafetos graves mergulham nas vestes carnais, a fim de recomeçar a experiência evolutiva, nos braços e na ternura dos seus antigos algozes ou de suas vítimas desditosas, experienciando vivências de reparação, mediante a compaixão e a ternura, que propiciam encantamento, renovação e paz.

Vezes outras, relacionamentos tumultuados que resvalam para a agressividade e a loucura ressurgem dos vínculos biológicos em outras expressões, facultando emoções diferentes e aprendizados afetivos especiais que se consubstanciam em sentimentos de amor pleno.

A amante desprezada ontem retorna como filha rebelde, atormentada, ensejando ao genitor piedade e misericórdia, a fim de diluir-se-lhe o ressentimento, tanto quanto o filho ingrato e grosseiro é o pai de experiência anterior espoliado nas suas aspirações, tendo nova oportunidade de desculpar, caso não disponha de valor moral para perdoar...

Não fosse a família, e crimes hediondos que são cometidos amiúde, ocultos da consciência social, mas não da individual, ficariam difíceis de ser retificados, porque no grupamento mais complexo, os ódios ressumariam com mais facilidade, gerando terríveis episódios de vingança e de insensatez que mais complicariam os processos reparadores.

No seio da família, em razão da convivência desde o berço, dos vínculos biológicos, mais fácil se torna a recuperação de uns e de outros, por impositivo da dependência dos que chegam diante daqueles que já se encontram na experiência humana, requerendo oportunidade e amparo. Nem sempre, porém, os resultados se fazem positivos, em face da gravidade do crime e dos sentimentos profundos de mágoa e rancor, exigindo novos cometimentos no futuro. No entanto, abrem-se perspectivas melhores de entendimento e de auxílio recíproco.

É impositivo da Legislação Divina que o amor se expresse de variada maneira na sua essência sublime e não apenas em formulação específica e unitária, o que ocorre desde

Constelação familiar

a fraternidade, na qual a amizade patenteia-se generosa, até a afetividade profunda como genitor ou parceiro sexual.

Nada ocorre em função do acaso. Mesmo quando os encontros se dão de maneira imprevista, há impulsos condutores que transcendem à capacidade de percepção do ser humano, trabalhando em favor dos processos de crescimento moral e espiritual.

O *acaso* pode, então, ser considerado como uma lei sábia que se expressa mediante fenômenos desconhecidos, mas programados antecipadamente. Sempre funciona a afinidade vibratória que identifica os indivíduos que se encontram na mesma faixa de pensamento e de evolução, unindo-os e reunindo-os conforme as necessidades da evolução.

As diversas experiências, mediante os vínculos consanguíneos, inicialmente até espraiar-se na identificação afetiva, na condição de pessoas não vinculadas biologicamente que se unem para a organização doméstica, irão organizar a célula básica da vida social, que é sempre a família, cada vez mais feliz, conforme os resultados das contínuas ligações afetivas.

Assim considerando, os filhos devem aos pais, mesmo quando estes não conseguem desincumbir-se de maneira feliz do compromisso abraçado, gratidão e respeito pela oportunidade abençoada do renascimento no corpo físico, no lar de que necessitam para evoluir.

Trabalhando o próprio caráter e aprimorando-o, cumpre-lhes manter obediência e atenção, de modo a desenvolver os valores elevados do sentimento e da razão.

Ao mesmo tempo, compreender as circunstâncias em que a família se apresenta, de modo a credenciar-se ao amadurecimento psicológico próprio para a conquista da harmonia pessoal.

Quando o lar é tranquilo e bem estruturado, torna-se uma *universidade* de complexas disciplinas evolutivas, facultando o engrandecimento do Espírito em relação à sociedade na qual se encontra.

A convivência entre filhos e pais é recurso psicoterapêutico valioso, trabalhando o inconsciente de ambos, de maneira a serem superadas as reminiscências negativas que possam ressumar, programando a reconciliação e o bem-estar através do amor incessante, delineador da felicidade do grupo.

Compreende-se que, nem sempre, os resultados são opimos, no entanto, em qualquer circunstância fazem-se experiências iluminativas que são logradas pela repetição e pelo sofrimento que decorre da rebeldia ou da indiferença pela afetividade.

Somente no relacionamento doméstico é possível a preparação para a fraternidade generalizada, desde que, no grupamento familiar, de menor dimensão, onde todos se conhecem e se podem desculpar com mais facilidade, são trabalhados os sentimentos e superadas as exigências do *ego*, dando lugar aos interesses gerais que farão bem igualmente a cada indivíduo.

As leis de afinidade, portanto, propiciam os encontros, os reencontros e os desencontros, no santuário da família, conforme os estágios evolutivos e os níveis de consciência dos membros do clã.

Ser filho é uma oportunidade de aprendizagem para tornar-se genitor.

Constelação familiar

Não sabendo conduzir-se na condição de submissão e obediência, dificilmente saberá orientar e fazer-se compreender.

Enquanto os pais têm graves responsabilidades para com a prole, que não podem ser desconsideradas, aos filhos cumpre exercitar os deveres do afeto e do trabalho para o próprio desenvolvimento, assim como a preparação para o futuro, quando deverão proteger os pais idosos ou enfermos, quer deles necessitem ou não.

Os filhos de agora serão os genitores de amanhã, cabendo à reencarnação propiciar-lhes o futuro de acordo com a sementeira do presente.

Graças, portanto, ao mecanismo sábio das reencarnações, alteram-se as paisagens afetivas nos relacionamentos no lar, desenvolvendo a real fraternidade que deverá viger em todos os segmentos da sociedade.

Amar, desse modo, respeitando os pais, mesmo quando aparentemente não o mereçam, é impositivo da Lei Divina no processo da evolução do Espírito, que os filhos não podem desconsiderar, porquanto a oportunidade do renascimento constitui verdadeira bênção da vida em favor da felicidade.

Devem os filhos ter em mente, quando descendentes de genitores negligentes ou inescrupulosos, perversos ou cruéis, que eles são mais enfermos do que maus, compreendendo que, nesse lar, é que se encontraram os mecanismos necessários à regularização do passado infeliz, agradecendo, assim mesmo, àqueles que lhes concederem a roupagem orgânica, quando poderiam tê-la negado e não o fizeram.

5

OS IRMÃOS ENTRE SI

A bênção do renascimento na constelação familiar constitui providencial oportunidade de crescimento espiritual e conquista de valores ético-morais excelentes.

Procedentes, quase sempre, de experiências diversificadas, os Espíritos que se agrupam através dos vínculos biológicos sob o mesmo teto fruem da concessão de amor valiosa para ajustamentos indispensáveis ao equilíbrio que lhes falta, por desastres comportamentais que se permitiram em existências transatas.

Quando uma família reúne filhos que se entendem e se amam, consegue desfrutar de incomparável Misericórdia Celeste, a fim de trabalharem em favor de uma sociedade harmônica.

Identificados por ideais superiores em que laboraram anteriormente, voltam a experienciar a união fraternal no mesmo clã, de forma que a jornada se faça coroar de realizações superiores.

Entretanto, as reencarnações difíceis no mesmo grupo consanguíneo constituem ocasião incomum que favorece o aprimoramento espiritual, na oficina doméstica onde se caldeiam as imperfeições e se lapidam as anfractuosidades morais dos seus membros.

Na infância, já se podem notar as afinidades existentes entre os irmãos, através da afeição vigente ou das animosidades que se expressam por meio de birras e agressões contínuas, dos epítetos deprimentes com que se ofendem e das atitudes de implicância que demonstram sem motivos justificáveis.

É natural que, à medida que se vão estruturando e avançando os processos biológicos, as agressões podem significar necessidade de chamar a atenção, manifestação de ciúme por insegurança emocional, reações psicológicas de conflitos em surgimento... São, porém, passageiros esses comportamentos, quando não se fincam em raízes de ódios anteriores, gerando dificuldades nos futuros relacionamentos...

As atitudes inamistosas contínuas denunciam sentimentos infelizes que não foram superados e ressurgem do inconsciente, em revides pelos acontecimentos inditosos do passado.

A vigilância dos pais, especialmente, nesse período, torna-se indispensável, a fim de trabalhar em favor da harmonia e da compreensão entre todos.

Narra-se que a eminente educadora italiana Maria Montessori, quando consultada sobre a época em que se deveria começar a educação dos filhos, teria asseverado que vinte anos antes, isto é, quando os futuros pais deveriam começar a preparar-se, a trabalhar-se emocionalmente para saberem como orientá-los.

Constelação familiar

Realmente, a tarefa educativa exige cuidados especiais e constância, não se restringindo a atitudes momentâneas, emocionais, a chantagens e dubiedades de métodos.

Ela tem as suas bases repousadas no amor e no carinho, na ordem e no respeito que devem viger entre educadores e educandos, de forma que se estabeleçam os vínculos de confiança e de afeição para o êxito do cometimento.

Assim, cabe aos pais, na saudável convivência com os filhos, observar-lhes as imperfeições morais e a agressividade especialmente entre eles, corrigindo-lhes tais manifestações, dialogando com paciência e ternura, sem cedência na decisão ou aquiescência ao comportamento negativo.

Não poucas vezes, a irritação e o cansaço recorrem às corrigendas igualmente perversas, através de castigos físicos, punitivos ou disciplinas morais humilhantes, que redundam em recrudescimento da animosidade entre os irmãos, por não saberem interpretar a atitude injusta, transferindo culpas e responsabilidades de uns para os outros.

O amor, revestido de bondade sem conivência, culmina por suavizar os resquícios do ódio, ensejando concessão da amizade que se inicia, propiciadora de entendimento e de tolerância.

O exemplo de união e de respeito entre os genitores igualmente se transforma em equilíbrio e base de segurança para os filhos, aqueles que se apresentam como irmãos em experiência evolutiva...

Esses irmãos, portanto, são aprendizes da vida, formando o pequeno grupo social, pródromo da sociedade ampliada na qual serão convidados a viver no futuro que os aguarda.

Compreende-se que haja diferença de opinião e de expressão, de interesses e de conduta entre os irmãos, o que não deve proporcionar as constantes brigas e desentendimentos que vigem, invariavelmente, nas famílias que se desestruturam.

Por uma razão de afinidade defluente do amor em outras existências, pode repontar a tentação da preferência afetiva por um filho que é gentil e bondoso, companheiro e amigo, do que por outro, que é arredio, ríspido e grosseiro... No entanto, cabe aos pais o discernimento e a sensatez de não piorar o tormento e inquietação, nesse, que é emocionalmente desajustado e enfermo, demonstrando preferência pelo outro, o que gera ressentimentos profundos e ódios incandescentes.

No episódio bíblico e mitológico da aversão de Caim por Abel, que terminou por cometer o fratricídio, teria sido a *preferência de Deus*, que aceitava os sacrifícios do segundo em detrimento do outro, irascível e desprezado...

A lição merece reflexão profunda, havendo-se tornado um arquétipo apelando para a vigilância dos pais em relação aos filhos.

Por sua vez, os irmãos devem aproveitar a oportunidade salutar para a convivência edificante, ajudando-se reciprocamente e convivendo com sentimento de fraternidade e de respeito, embora com dificuldade em amar-se nessa fase inicial, o que se pode compreender...

Da mesma maneira, aquele que nasce primeiro e vai adquirindo experiências vividas pelos processos naturais, está convidado a proteger os irmãos mais novos, mais dependentes, oferecendo-lhes carinho e assistência.

Constelação familiar

Aos pais sempre está confiada a tarefa de estimulá-lo nessa conduta, pedindo-lhe ajuda sempre que possível e valorizando-a, por mínima que seja, de modo que ele aprenda solidariedade e compaixão, sentimentos nobres de dever para com o próximo mais próximo...

No lar, desse modo, encontram-se os recursos preciosos da educação para a formação equilibrada do caráter e da personalidade que se prolongará por toda a jornada terrestre.

Os pais são doadores genéticos da forma, de algumas características anatômicas e fisiológicas, nunca dos valores morais. Mesmo assim, é o Espírito que imprime nas delicadas estruturas dos genes as próprias necessidades, assinalando o futuro organismo de maneira a atender a programática elaborada em favor do próprio progresso.

Observando-se dois gêmeos univitelinos, com idêntica aparência física, os valores morais e comportamentais, salvadas raras exceções, são muito diferentes, como também se tem constatado em xifópagos interdependentes que, às vezes, se odeiam.

Quando os irmãos dão-se conta do impositivo da união e conseguem superar as dificuldades emocionais que existem no seu relacionamento, encontram-se mais bem equipados para o enfrentamento dos desafios existenciais.

Amadurecidos na convivência, estabelecem metas interiores de compreensão dos deveres, superando as antipatias e adaptando-se à estrutura social onde são convidados a viver.

Esse processo de crescimento emocional muito depende da educação familiar, dos exemplos no lar, dos relacionamentos sociais, que servem de modelos a serem imitados.

Iniciando no lar o entendimento entre os irmãos biológicos, a sociedade exulta, porque é a grande família na qual a fraternidade terá que se instalar a benefício de todos os seus membros.

À educação moral, pois, compete a grande obra de trabalhar os irmãos desajustados ou mesmo afins, preparando-os para o ministério ditoso em favor da Humanidade dignificada e justa do porvir.

Irmãos biológicos, desse modo, são campo experimental para a modelagem da sociedade harmônica, iniciada no ninho doméstico, na constelação familiar e culminando nos relacionamentos gerais.

6

A PRESENÇA DOS AVÓS

O *milagre* da vida orgânica através da fecundação favorece a multiplicação dos seres vivos, facultando, no reino hominal, a existência da constelação familiar.

A sucessão natural daqueles que chegam em relação aos que já se encontram e aos que retornaram, forma a colmeia humana de diferentes níveis etários, permitindo que as experiências sejam transferidas de uma para outra geração.

A educação, no entanto, não se restringe às informações que são passadas pelos responsáveis familiares, ampliando-se da instrução à formação de hábitos, à correção de condutas equivocadas, à construção de novos costumes ético-morais que a convivência plasma nos aprendizes...

Todavia, para que a educação alcance a finalidade a que se destina, faz-se necessário que os arquivos do inconsciente do educando possuam os tesouros que devem ressumar os estímulos dos preceptores, incorporando-se ao Eu consciente que os vivenciará saudavelmente.

Nesse conjunto de experiências no lar, os avós desempenham significativa importância, quando compreendem a função que lhes corresponde, não as extrapolando sob pretexto algum. Quando isso sucede, perturbações e destrambelhos nos relacionamentos ocorrem na estrutura doméstica.

É inadiável a compreensão dos deveres que a cada qual compete, de forma que não se interfiram reciprocamente nas realizações que lhes não dizem respeito. A convivência saudável deve estruturar-se na consideração que deve ser mantida entre os membros do mesmo clã, ninguém desejando superar os limites que lhe estão impostos, sob justificativas salvacionistas, sempre de resultados prejudiciais...

Cabem aos pais as graves responsabilidades a respeito da orientação dos filhos e da edificação da família que constituem.

Habitem ou não os avós no mesmo núcleo, a sua deve ser uma conduta afável, sem interferências diretas no comportamento dos educadores. A sua experiência é-lhes válida, no que diz respeito aos seus compromissos em relação aos demais membros do clã, havendo cessado, ao concluir a educação dos filhos e deixando-os agora assumir os próprios deveres.

As rixas descabidas e defluentes do egoísmo e demais paixões constituem péssimo exemplo de comportamento coletivo, por culminarem em sentimentos inamistosos e ódios, muitas vezes desastrosos para todos que se encontram envolvidos na mesma família.

De maneira idêntica, os apegos excessivos aos filhos, masculinos ou femininos, geram conflitos com os seus parceiros, expressando as íntimas insatisfações e frustrações anteriores, agora disfarçadas, que se exteriorizam na condição de sogros falsamente protetores. Inseguros, esses genitores desejam realizar o que não conseguiram quando lhes competia educar saudavelmente, e a imaturidade, os preconceitos, os tormentos pessoais não lhes permitiram fazer.

Quando os filhos elegem os parceiros, aos quais se unem, não necessitam da intervenção dos genitores, devendo arcar com as consequências da sua escolha. Como tiveram a liberdade de identificar-se com outrem que lhe parece ideal para a convivência, é justo que sejam responsabilizados pelo relacionamento, especialmente no que diz respeito à convivência íntima, que ninguém tem o direito de interferir, em face da sua complexidade e significados individuais.

Assim, cabe-lhes a assumpção dos deveres em relação à prole, não a transferindo para os atuais avós, cuja contribuição não deve ir além da condição de cooperadores quando solicitados, de apoio e de carinho, eximindo-se a grave postura de acobertar erros dos netos, de agir equivocadamente em relação a eles, acreditando que a orientação dos genitores está incorreta...

Basta uma reflexão singela para dar-lhes sentido à conduta: gostariam que, anteriormente, os seus pais interferissem na maneira como se conduziram em relação aos filhos?!

Não fazer a outrem o que não gostariam que lhes fosse feito continua sendo uma regra áurea de convivência em todo grupo social, especialmente no familial.

Filhos, especialmente femininos, aturdidos e irresponsáveis, desejando viver em desregramento sexual, quando se tornam mães, sem estrutura, ao invés de haverem tomado providências para evitar a fecundação e não o fizeram, entregam às mães os filhos do desamor e da leviandade, como se fossem crias abandonadas, partindo para novas e desvairadas condutas.

Infelizmente, algumas genitoras que se fazem super-protetoras dessas filhas insensatas, tomando-lhes os *rebentos*, estimulam-nas ao prosseguimento da inconsequência que, às vezes, raia pela desventura, assim ajudando-as em mais comprometimentos morais e espirituais.

Insistissem para que assumissem o dever em relação à prole e seriam, pelo menos, em parte, coarctadas na falsa liberdade, ante o dever de experienciar a vivência ao lado desses seres que reiniciam a jornada terrestre em situação afligente.

A ignorância de muitas dessas almas maternas, avós por imposição do descompasso moral dos filhos, também desconhecedores dos códigos de honra, responde pelas extravagâncias desses órfãos de pais vivos...

Como, normalmente, nas classes social e economicamente menos favorecidas, os pais seguem adiante ignorando os filhos que geram, sendo quase sempre as mulheres as vítimas da situação tormentosa.

Em sentido oposto, entre pais mais esclarecidos e melhor aquinhoados economicamente, quando as filhas optam pela conduta inconsequente e engravidam, logo assumem a postura salvacionista de cuidarem do filhinho que nasce, a fim de que receba todo o conforto e assistência, olvidam-se que o mais eficiente e natural amor é o da própria mãe, que não deve ser substituída pela avó exageradamente assistencialista.

É certo que existem situações que constituem exceções e devem ser consideradas com seriedade, sem pieguismos, sem exageros, com a ternura e o sentimento que a situação propicia.

Constelação familiar

A reencarnação, no entanto, coloca no proscênio terrestre as mesmas personagens, que trocam de papel, para reajustamento, e aprendem, no turbilhão dos conflitos, o respeito e a disciplina que são necessários para a libertação do egoísmo e da rebeldia que as caracterizam.

Aos avós, pois, está facultada a tarefa de amar os netos, mas cuidadosamente, a fim de não os tornar soberbos, especiais, em relação às outras crianças, aprendendo a alargar a família consanguínea com aqueles que sofrem carência, desenvolvendo o germe do amor universal num conjunto ampliado.

O conceito repetido de que os avós *são pais por segunda vez*, não os credencia a que exonerem os genitores biológicos a respeito dos cuidados para com os seus descendentes; cada familiar, portanto, desincumbindo-se do dever que lhe diz respeito.

A figura antes venerada dos avós, atualmente substituída pela proteção de pessoas mais jovens na progenitura, permanecerá para sempre como digna de respeito dos filhos, especialmente quando a idade provecta e as enfermidades tomarem suas energias, credores de amor e de cuidados, conforme o fizeram quando se desincumbindo dos compromissos de família no passado próximo.

Multiplicam-se, nos dias atuais, sob pretextos e justificações descabidos, o abandono aos pais idosos, afastados dos netos, atirados em prisões douradas – lares para terceira idade – onde não são visitados ou o são uma vez por ano, ou mesmo abandonados nos tugúrios da miséria onde residem, longe dos netinhos que lhes constituiriam, com a inocência e garrulice peculiares à infância, motivos de alegria e de felicidade...

Na construção familiar, também ocorre, em não poucas ocasiões, serem empurrados para os porões, os quartos dos fundos dos lares confortáveis, e proibidos de aparecerem para não causarem constrangimentos aos filhos, saudáveis e ingratos, desfilando nas reuniões domésticas da ilusão com os seus amigos...

Todos, porém, envelhecem, enfermam e morrem – é Lei da vida.

Os avós, na família, são bênçãos de amor que nunca se devem transformar em focos de dissensão ou de malquerença.

7

OS TIOS

Embora raramente residam no mesmo reduto doméstico, os tios constituem vínculos de forte vigor na constelação familiar. Isto porque, a consanguinidade, estreitando a união que deve existir entre todos os seus membros, impõe os sentimentos de fraternidade e respeito que trabalham em favor da harmonia geral.

Não implica que sejam Espíritos simpáticos entre si, quase sempre procedentes de outros clás, que vivenciam a comunhão em novo grupo, preparando-se para os futuros cometimentos na sociedade globalizada.

Pela Lei natural, a de amor, quando falecem os pais – irmãos daqueles que sobrevivem –, cabe-lhes o dever de amparar, na medida do possível, a família que ficou na orfandade, diminuindo as lutas e os testemunhos que desabam sobre os que sofrem a saudade, a falta física de apoio e experienciam os compromissos para os quais nem sempre estão preparados.

Esse amparo não deve consistir apenas na contribuição econômica, quando for o caso, mas sobretudo na orientação moral e participação emocional com o grupo familiar em momentânea desestruturação.

Além da saudade que sofrem os que ficam no corpo físico ante a partida do ser querido, centro de sustentação doméstica, surgem dificuldades materiais imediatas, que aturdem e mais complicam o quadro de dor reinante.

A necessidade de auxílio e de suporte impõe-se de imediato, sendo sempre muito bem recebidos.

Um compromisso de tal natureza predispõe o indivíduo ao serviço de amor ao próximo menos próximo, trabalhando em favor do grupo social sem interesses mesquinhos e predomínio do egoísmo, iniciando-o na intimidade de uma constelação menor qual a familiar.

Verdadeiro treinamento de solidariedade, a opção de servir ao clã, no qual se renasceu, é bênção de inestimável significado para a formação e crescimento do caráter que eleva o ser humano acima da craveira convencional.

Amando àqueles que se lhe vinculam pelos fortes impositivos familiares, torna-se mais fácil ampliar o círculo de afetividade a outros que também são necessitados, desenvolvendo a fraternidade legítima, irmã generosa da caridade no seu sentido mais elevado.

Todos se encontram no mundo atados a sagrados deveres, que não podem desconsiderar, constituindo um programa de evolução no rumo do amor universal, que é o oceano para o qual fluem todos os rios da afeição humana.

Cabendo-lhes o compromisso de amar até mesmo aqueles que se lhes tornam inamistosos, adversários ou verdugos, como olvidar os Espíritos que renascem no grupamento familiar, jungidos a deveres que transcendem à compreensão imediata?

Constelação familiar

Os tios, portanto, são também os protetores e amigos mais experientes, que estão a serviço da vida, quando as circunstâncias assim o impõem. Não apenas por ocasião da desencarnação de um ou de ambos os genitores, porém, durante toda a vilegiatura carnal, participando das atividades domésticas, procurando preservar os laços de família, sustentando-se reciprocamente sob o aspecto moral e social, ao mesmo tempo facultando os relacionamentos edificantes entre os seus descendentes, na condição de primos, que são irmãos biológicos mais distantes uns dos outros.

A sabedoria humana com a qual foi constituída a constelação familiar, partindo do centro, que são os pais, e alongando-se, geração a geração, faculta confortável união de parentesco gerador de amizade e aprendizado humano.

A figura dos tios é significativa na vida infantil, em face da posse de conhecimentos, de sabedoria, de experiências, de segurança e de afetividade para a criança ainda impossibilitada de entender o processo de vinculação consanguínea.

De muito bom alvitre, portanto, que os laços da união permaneçam sem distanciamento, favorecendo maior harmonia entre todos os membros que se devem amparar nas dificuldades, rejubilar nas conquistas, trabalhar em comunhão de interesses.

Certamente, cada Espírito tem desenhada no tecido social a sua própria contribuição, não se detendo no grupo doméstico, o que favoreceria o surgimento de preconceito contra os outros, de egoísmo doentio em relação aos seus, em detrimento dos demais, o que, de fato, constitui uma aberração.

Referimo-nos à manutenção da amizade e da saudável preocupação com o progresso e o desenvolvimento ético-moral, econômico-financeiro e social dos familiares, o que faculta o despertamento e a continuidade da atenção, dos cuidados em relação aos auxílios recíprocos que devem ser oferecidos.

Quando viger animosidades, que sempre repontam, como filhas que são da mesquinhez e do atraso moral, a união fraternal de todos deverá trabalhar em favor da recuperação do enfermo espiritual, ensejando-lhe oportunidades de recuperação e de reestruturação na família, desse modo contribuindo para o seu ajustamento na sociedade.

O relacionamento entre aqueles que se estimam argamassa os sentimentos e as emoções favoráveis ao enfrentamento seguro, quando os desafios e as dificuldades surgirem pelo caminho existencial.

Ninguém transita no mundo sem a necessidade de outrem, sem o companheirismo, sem a cooperação de amigos devotados, sem a participação ativa e produtora no grupo social.

Qualquer tipo de isolamento representa transtorno de conduta comportamental com perigo de agravamento no desequilíbrio da estrutura emocional.

Mesmo quando o indivíduo considera-se autossuficiente, em face dos recursos de que dispõe, a emoção impõe-lhe relacionamentos indispensáveis à saúde e ao comportamento por necessidade de intercâmbios saudáveis, sustentadores da vida.

O calor humano que deflui da amizade real é estímulo para a existência e valioso contributo terapêutico para o desenvolvimento dos valores que constituem a vida.

Constelação familiar

A ternura é alimento para a alma e o amor é sustentação para a harmonia que mantém o corpo, vitalizando-lhe os vários departamentos.

Quando se é amado, mais facilmente se nutre de forças e de coragem para o desempenho das tarefas, e quando se tem a certeza íntima de que nunca se encontra a sós, renovam-se facilmente os painéis dos sentimentos, que trabalham pela manutenção da vitalidade e do entusiasmo em todos os setores de edificação interior.

A vida humana é resultado de um quase infinito processo da evolução sob o comando do Psiquismo Divino, que é todo amor.

Herdeiro das expressões primárias por onde transitou, o ser humano traz no imo do ser as experiências adquiridas em cada etapa, acumulando novas conquistas que o elevam na escala espiritual.

[...] E a família é o resultado feliz do processo evolutivo, graças à conquista da razão, do discernimento, da consciência, do amor.

Desse modo, os tios inserem-se nesse processo, cuja cadeia não deve ser interrompida, e quando isso ocorre, surgem dificuldades na estrutura social, o que sempre é lamentável.

8

Outros parentes

No que diz respeito à parentela consanguínea, vale recordar a presença dos cunhados, dos primos de diferentes graus, de todos aqueles que, embora pertencentes a sucessivas gerações, procedem do mesmo grupo familial.

Quando alguns desses parentes residem no mesmo lar, inevitavelmente ocorrem muitas discussões perturbadoras, atritos no relacionamento, opiniões desencontradas, exemplos nem sempre edificantes.

É incontestável que todos os parceiros afetivos responsáveis, unidos ou não pelo matrimônio, sendo que ideal seria se estivessem consorciados legalmente, tornando-se exemplos éticos para os descendentes, vivam com independência doméstica, no próprio lar, sem interferências perniciosas que procedem de outros.

Em face das diferenças emocionais, culturais, evolutivas, mesmo quando se trata de um grupo familial equilibrado, inevitavelmente, no relacionamento contínuo desgastam-se muito os valores da afetividade fraternal e do respeito moral, permitindo-se, cada qual, o direito de interferir no que se passa no seu entorno, demonstrando preferências e animosidades que repontam do mundo íntimo.

De bom alvitre, no entanto, que, ao ser inevitável essa convivência, cada membro do clã reserve-se o respeito que deve manter pelo outro, não pretendendo tornar-se a figura central do grupo, ser o dono da verdade, opinar quando não solicitado, interferir na área que não lhe diz respeito.

A consanguinidade é ensejo para relacionamentos edificantes, para estreitamento de amizade, para melhor entrosamento emocional, para exercitar a tolerância e a fraternidade que deverão estender-se aos demais membros da organização social na qual todos se encontram.

Uma família que se movimenta com equilíbrio no ninho doméstico, certamente terá maior facilidade para conviver com pessoas de temperamentos diferentes no trabalho, nas atividades comunitárias, nos empreendimentos de qualquer natureza, na construção de um tecido social mais bem urdido.

Os jovens, por sua vez, devem respeito e consideração aos mais velhos, compreensão das experiências daqueles que chegaram antes e que se permitem a transferência dessas conquistas. Nada obstante, tal propositura não significa aceitação passiva de tudo quanto seja transmitido, tampouco de perda da própria identidade, seguindo comportamentos que não condizem com a sua maneira de ser. Antes representa uma oportunidade saudável de treinar compreensão fraternal, convivência com pessoas de diferentes níveis, preparando-se para os inevitáveis enfrentamentos na comunidade humana.

Por sua vez, os adultos não se devem considerar pautas de conduta exemplar, excepcional, para os mais jovens,

Constelação familiar

impondo as suas ideias, estabelecendo paradigmas que não podem ser ultrapassados, nem propondo atitudes que violentam a liberdade dos educandos.

Cada pessoa tem as suas próprias necessidades, devendo viver experiências particulares, propostas de vida que irão contribuir em favor da sua desenvoltura espiritual e social.

No mundo de relatividades, todos os comportamentos são contribuições que merecem análise, não constituindo restrito impositivo para servir de modelo aos demais, e nisso consiste, na variedade, a liberdade de escolha dentro dos padrões evolutivos de cada qual.

A educação é defluente da cooperação que existe no lar, na escola, na sociedade, despertando para liberação os valores que se encontram adormecidos no íntimo e necessitam de estímulos para exteriorizar-se, fixando-se na consciência e tornando-se lemas de comportamento.

Portanto, de muito bom alvitre, que os relacionamentos domésticos com os outros membros da consanguinidade sejam resultado de bons entendimentos e de condutas agradáveis, evitando-se a figura do vigilante dos erros alheios, o inspetor do comportamento moral dos outros.

Por outro lado, a consanguinidade não faculta direitos absurdos e exagerados em relação àqueles que constituem o clã, graças ao que, não libera as responsabilidades que existem entre todos, particularmente no que diz respeito à afetividade, às experiências coletivas em benefício de uns como de outros.

Uma convivência trabalhada no respeito recíproco representa avançado passo na autoeducação, assim como contributo valioso para a educação de todos os membros que a constituem.

Os educandos, naturalmente, repetem o que veem, o que ouvem, os comportamentos que mais lhes chamam a atenção.

Caso vivam em ambiente ruidoso, de discussões e de gritaria, tornam-se agressivos, insatisfeitos.

Se convivem sob ameaças e desordens, tornam-se medrosos e desordenados, deixando-se arrastar pelos conflitos que os atormentam, em face das imposições externas que os afligem.

Quando são considerados *objetos* nos quais as frustrações dos genitores ou de outros adultos não lhes permitem o desenvolvimento das próprias necessidades, fragilizam-se, tornando-se vulneráveis às críticas, à instalação da culpa, da vergonha, sentindo-se inferiores, porque incapazes de eleger o que preferem, sendo obrigados a aceitar as imposições alheias...

Ao serem tratados com dignidade, com equanimidade, acompanhando atitudes sensatas e bondosas, observando a sinceridade no trato e o respeito pelo próximo, transformam-se em cidadãos de bem e equilibrados, em ambos os sexos.

A *escola do exemplo* no lar é o mais eficiente estabelecimento para a formação do caráter e o desenvolvimento do Espírito no seu processo de aprendizagem terrestre.

Somente através das atitudes positivas não piegas é que o educando dá-se conta de que a Terra é um lugar excelente para viver, para desenvolver as suas potencialidades, para conseguir a realização interior e ser feliz.

Nesse sentido, todos aqueles que formam a constelação familiar, devem assumir as responsabilidades que lhes dizem respeito, por sua vez aprimorando a própria educação,

Constelação familiar

porquanto as experiências iluminativas sempre ampliam os horizontes do comportamento humano em todas as áreas existenciais.

Os parentes, desse modo, são também de relevante importância no grupamento familiar.

Ninguém renasce em uma consanguinidade por acaso, mas antes, por necessidades imperiosas de ajustamento emocional, de renovação moral e de aquisição de experiências especiais.

Aproveitar bem o ensejo é estar contribuindo em favor de cada qual, pois que, oportunamente, será chamado às suas próprias e intransferíveis responsabilidades na edificação da própria família que se desenvolverá através dos seus genes e condutas.

9

OS VIZINHOS

Hodiernamente, em face dos conflitos existenciais e das dificuldades de relacionamento, a vizinhança apresenta-se, normalmente, como uma incógnita que deve ser levada em conta.

Por um lado, a falta de respeito que vige entre algumas criaturas, que não sabem manter os relacionamentos sem ultrapassar os limites do equilíbrio, gerando situações embaraçosas. De outra maneira, os conflitos humanos que impõem condutas de distanciamento, evitando a fraternidade que sustenta os sentimentos e dá-lhes vigor. Por fim, as comunicações virtuais que isolam nos lares as pessoas, afastando-as da convivência salutar, como medida de precaução contra problemas, que, no entanto, são gerados através da internet, mediante vinculações perigosas que têm gerado graves desastres emocionais em muitos dos seus aficionados.

À medida que se multiplicam as residências em apartamentos de edifícios de grande porte, menos se conhecem aqueles que as habitam, raramente se comunicando, mesmo quando casualmente se encontram nos espaços coletivos, nos ascensores, nos parques, nos salões reservados às celebrações festivas...

O individualismo toma conta da sociedade e a família experimenta atrofia afetiva, fechando-se cada vez mais, a prejuízo da educação dos filhos e da convivência agradável entre os seus membros.

Iniludivelmente, em face do instinto gregário, a convivência com o próximo é uma necessidade de alta significação, por facultar o desenvolvimento da sensibilidade afetiva que trabalha em favor dos sentimentos elevados do ser humano.

A vida social é de valor inestimável, por propiciar o entendimento fraterno, o trabalho coletivo em favor da solução dos problemas-desafios que a todos atingem, abrindo portas a um intercâmbio de auxílio recíproco nas horas de maior necessidade, que sempre convidam à reflexão e ao trabalho de superação.

No que diz respeito à educação infantil, a convivência vicinal é muito importante, desde que, guardadas as proporções, trabalha em favor do crescimento social das crianças e jovens, que formam grupos afins e ajudam-se uns aos outros, na aprendizagem, nas recreações, nas atividades que lhes são pertinentes.

O que constitui verdadeiro desafio é o discernimento lúcido para que não haja envolvimento emocional profundo entre as pessoas, gerador de conflitos prejudiciais à boa vizinhança.

Partindo da família, o bom relacionamento entre vizinhos abre perspectivas mais amplas a benefício de melhor entendimento entre os grupos sociais, políticos, religiosos, artísticos, desportistas, e, por fim, entre as nações...

Constelação familiar

Toda experiência inicial, quando se transforma em aprendizagem, amplia o seu círculo e a sua capacidade que podem ser aplicados no coletivo, trabalhando em favor da harmonia que se faz necessária na sociedade como um todo.

O vizinho, na condição do próximo menos distante, é oportunidade de convivência edificante através da cordialidade, da urbanidade, do respeito entre amigos.

Em relação à criança, essa comunicação irá prepará-la para ampliar as relações com os colegas de classe, aprendendo solidariedade e desenvolvimento de valores ético-morais.

A criança que não se relaciona bem no lar, muitas vezes, no vizinho encontra motivações para uma convivência saudável, que influenciará para melhor o comportamento na própria família.

Estimulá-la a buscar a companhia dos amiguinhos, a divertir-se com eles e com os mesmos estudar, resolvendo os deveres escolares, é de relevante significado para a sua construção social.

Experienciando, desde cedo, o labor em grupo, as preocupações com os demais da mesma faixa etária, as programações festivas e comemorativas de aniversário e outras, na adolescência e na idade adulta tornam-se-lhes mais fáceis os enfrentamentos e competições que a existência propõe diariamente.

Desenvolvendo a capacidade de entender e valorizar a cada um, o princípio de compreensão e de amizade predomina em todos, em vez da postura demasiadamente cautelosa, suspeita, geradora de ressentimentos a que muitos se entregam, conspirando contra os programas de edificação humana.

É natural que devem ser estabelecidos critérios pelos pais, sempre vigilantes, em relação aos seus e aos filhos dos vizinhos, de forma a orientar com segurança as brincadeiras e as responsabilidades dos educandos que, inexperientes, podem deixar-se dominar pelos impulsos primários, tornando-se agressivos, desrespeitosos ou retraídos por timidez, evitando-se os problemas normais da convivência. Sem esses critérios resultariam situações perturbadoras.

Quando as criaturas compreenderem que se interdependem espiritualmente, fazendo parte da grande família universal, a tolerância e a compreensão dominarão os seus atos, facultando melhor entrosamento entre os diferentes sentimentos e comportamentos existentes.

O vizinho, em razão da sua proximidade física, proporciona ensejo de amizade, de trabalho comunitário a benefício de todos, de exercício de bondade, intercambiando conhecimentos sempre úteis. Como cada indivíduo é portador de faculdades específicas, de condutas próprias e de emoções muito pessoais, a permuta de estima com a vizinhança ajuda a estabelecer um clima de respeito e de compreensão dos valores de cada qual a benefício de todos.

Visto como amigo, o vizinho lentamente inclui-se como membro fraternal que merece consideração e interesse, favorecendo com oportunidades de valiosa aprendizagem cultural, recreativa e inspiradora do bem servir.

Em razão do desenvolvimento natural, e graças às células-espelho no cérebro, a criança imita sempre os atos dos adultos, no lar, na rua, na escola.

Se os pais mantêm convivência agradável com outras pessoas, evitando comentários desairosos a respeito de outrem, censuras e reproches descabidos, os filhos imitam-nos,

Constelação familiar

aprendendo que a amizade não lhes concede a permissão para intrometer-se nos problemas particulares de ninguém, preservando-se também de ocorrências do mesmo tipo.

Essa experiência, a de ser mantido o relacionamento vicinal pelos adultos e estimulá-lo entre as crianças, significa uma valiosa conquista ética do grupo humano, marchando no rumo de uma sociedade mais harmônica, porque mais compreensiva dos deveres em relação de uns para com os outros.

A educação, em si mesma, e particularmente a infantil é um trabalho de todo dia, de toda hora, e não apenas de momentos emocionais, carregados de afeto exagerado ou de agitação e desequilíbrio.

Muitas vezes, a criança que deseja maior liberdade, e não a tem em razão de os pais manterem a disciplina educacional, refere-se que os genitores dos seus colegas são menos exigentes, mais liberais e deixam-nos fazer o que lhes apraz.

Esse argumento pode e deve ser contestado bondosamente com segurança, elucidando que o amor vigia, o amor cuida, o amor acompanha. Quando alguns pais liberam os filhos antes que tenham maturidade, não é por amor, mas para se verem livres de preocupações, para libertar-se da insistência deles, em uma quase indiferença pelo seu futuro, ou por saturação da convivência com os mesmos.

Desse modo, a conversação, o diálogo contínuo, os esclarecimentos em vez das ordens e das imposições, constituem motivos seguros para o bom entendimento no lar, a boa formação do caráter e, ao mesmo tempo, como estímulo para uma convivência digna e produtiva com os vizinhos.

10

EDUCAÇÃO E PAZ NA FAMÍLIA

A criança é *argila* moldável, aguardando as mãos do diligente *oleiro* que lhe dará forma e conteúdo.

Esse *oleiro* hábil é o educador, que deve modelar o ser social digno, de forma que possa construir a sociedade harmônica.

A paz do mundo depende da educação da infância.

Quando a criança é capaz de liderar outras, prepara-se para conduzir os grupos humanos mais tarde, nas diferentes áreas da existência, culminando, muitas vezes, no comando de povos e de nações.

Realizará esse ministério, exatamente conforme aprendeu nos dias formosos da construção da sua personalidade, delicadamente trabalhada pela paciência e sabedoria dos seus educadores.

No lar começa o incomparável labor de edificação moral de todos os membros que o constituem, mediante as experiências e comportamentos dos pais, que infundirão exemplos demonstrativos do valor do conhecimento, do caráter, da honra, da convivência doméstica, representando os

73

segmentos sociais da vida em comum com os demais membros da Humanidade.

Esse trabalho é relevante e indispensável, nunca devendo ser transferido totalmente para a escola, encarregada, essencialmente, da instrução, na qual se devem incutir os hábitos saudáveis através da conduta dos mestres. São, no entanto, os pais, os mais nobres educadores, tanto para o crescimento ético-moral dos aprendizes quanto para os gravames que os levam aos desequilíbrios de todo porte que tomam conta destes dias de sombra e de perversidade.

Não se discutem as conquistas relevantes da Ciência e da Tecnologia, nada obstante, não há como ocultar-se a decadência dos valores éticos e morais, a agressividade em alucinação, a violência em hediondez, o desrespeito atingindo índices dantes jamais imaginados...

Os instintos que caracterizam o ser infantil devem ser orientados desde os primeiros momentos após a vida intrauterina, trabalhando-os e disciplinando-os de forma que não se sobreponham aos sentimentos de amor e de respeito que devem viger na constelação familiar.

É certo que no corpo infantil encontra-se, normalmente, um Espírito com alta carga de vivências, nem sempre dignificantes, merecendo, por isso mesmo, salutar orientação desde muito cedo e de equilíbrio direcionador para as ações saudáveis.

Desde o seu renascimento o Espírito reflete na infância as características que lhe são próprias, através do comportamento espontâneo, caprichoso ou não, reflexivo ou automático...

Uma criança de poucos meses já distingue com facilidade os semblantes que a contemplam, identifica os objetos que se lhe fizeram familiares. Com um ano de idade já observou tudo quanto a cerca e começa a desinteressar-se pelo que se lhe encontra ao alcance, anelando pelo diferente, pelo novo. A partir do segundo ano, já necessita de objetos especiais e até mesmo *invisíveis* a fim de ser atraída para eles, desenvolvendo a capacidade de crescimento e de valorização da vida, embora inconsciente por enquanto.

Curiosamente, a criança é direcionada por uma intensa necessidade de aprender, de relacionar-se com novos objetos, orientada pelos instintos através de impulsos que, observados, ensejam entender-se as suas qualidades morais, aquelas de que o Espírito é portador, necessitando de direcionamento gentil quando negativas e de estímulos positivos, se edificantes.

São-lhe insculpidos, nessa oportunidade, os hábitos, a ordem, a arrumação ou os desequilíbrios que irão formar a sua personalidade harmônica ou indisciplinada, tornando-se difícil reparar quaisquer danos posteriormente, porque os hábitos são uma segunda natureza em a natureza de cada qual.

A criança anela pela conquista da palavra, porquanto, a partir dos seis meses já consegue distinguir a voz humana em qualquer ambiente mesmo que barulhento, com sons diversificados, passando a uni-los e começando a enunciá-los...

Ao invés de coibir-se a criança nas suas manifestações no lar, em nome da educação, deve-se estimulá-la a ser autêntica, evitando-se a dissimulação e a hipocrisia, por cujos mecanismos psicológicos agrada aos adultos, ocultando a sua realidade, a sua sensibilidade.

Merece, por isso mesmo, jornadear por um mundo que seja construído para entendê-la de início, a fim de que o possa oferecer melhorado àquelas que virão depois.

A paz é construída no sentimento do ser humano, jamais podendo ser imposta. Por essa razão, a educação deve ter em mente a realização da paz, a pacificação interna dos tormentos, de forma que o indivíduo se transforme em pacificador onde se encontre.

Educar com e pelo amor constitui o método mais eficaz para conseguir-se o equilíbrio na família, reunindo todos os membros numa interdependência afetuosa, ao mesmo tempo sem paixões individualistas ou geradoras de vinculações doentias.

Construir na criança um ser novo é trabalhar pela paz da sociedade. As guerras não são feitas pelas armas, porém, pelos homens que as constroem. Educar, desarmando dos sentimentos inferiores, competitivos, individualistas, representa promover a paz doméstica, prelúdio da paz na sociedade.

Dessa maneira, os educadores são responsáveis pelas expressões da paz ou das guerras que venham a acontecer. Os políticos, que são cidadãos, negociam os interesses em favor da guerra ou da paz, conforme os seus níveis emocionais, morais e espirituais, no entanto, os educadores trabalharão sempre em favor da paz.

O lar é, portanto, a sublime escola de dignificação humana, onde se aprimoram os sentimentos e se orientam os conhecimentos intelectuais ao lado daqueles de natureza moral, para o real desenvolvimento humano.

Todos os cidadãos, dessa forma, devem unir-se em favor do ideal comum, que é o da educação.

Jamais haverá uma sociedade feliz, se não for cuidado o ministério sublime da educação integral, aquela que acompanha o Espírito na sua complexidade e nas suas necessidades evolutivas.

Lamentavelmente, a educação não vem preparando o educando para ser cidadão. Os interesses mesquinhos predominam nas famílias, estabelecendo metas de interesses econômicos, políticos, sociais e outros, em detrimento da construção interna do aprendiz. Por efeito, surgem as grades educativas baseadas no egoísmo, por pessoas malformadas psicopedagogicamente, mais políticas que experientes nos propósitos de formação dos alunos.

Infelizmente, a criança não é devidamente valorizada, tornando-se mais um objeto de exibição dos pais, que lhes não dão a atenção indispensável, o carinho e a assistência no lar, muito preocupados em oferecer coisas inúteis, resguardando-se no egoísmo doentio de não se darem a si mesmos, embora com menos conforto e mais esforço na manutenção da família...

Certamente que há exceções valiosas, constituindo exemplos dignos de serem seguidos.

A ciência da paz que ainda não foi elaborada, embora a da guerra esteja muito bem planejada, sempre recebendo implementos novos e recursos dispendiosos, necessita de ser iniciada na intimidade do lar através da educação das novas gerações.

Jesus exemplificou a magnitude da vida infantil e as infinitas possibilidades que lhe estão ao alcance, quando os discípulos molestados pelos pequeninos que se Lhe acercavam, ouviram-nO, aturdidos, dizer: "Deixai que venham a mim as criancinhas, e não as impeçais, porque delas é o reino dos céus" (Mateus, 19:14).

11

EDUCAÇÃO DOMÉSTICA

Os métodos pedagógicos evoluem com a mesma celeridade com que ocorre o desenvolvimento intelectual da criatura humana.

Desde aqueles cultivados em Atenas, em Esparta e em Roma, cada qual objetivando fins específicos, até a indiscutível contribuição de Jan Comenius, ampliando-se com Jean-Jacques Rousseau, Heinrich Pestalozzi, Friedrich Fröebel, Prof. Rivail, Maria Montessori, Piaget e muitos outros missionários da educação, como Rudolf Steiner, as atuais propostas de Edgar Morin convidam a reflexões profundas sobre as melhores técnicas de preparação das mentes infantojuvenis em relação à aquisição do conhecimento e do comportamento saudável para a vida feliz.

Desde quando foram deixados à margem os métodos bárbaros, cultivados por largo período medieval, quando se acreditava que a *criança é um adulto em miniatura*, o surgimento da psicologia infantil muito contribuiu para a compreensão desse ser em formação, que necessita de carinho, especialmente no que diz respeito à aprendizagem, dando lugar a valiosos programas pedagógicos que têm evoluído de maneira benéfica e nobre para a construção dos cidadãos dignos.

Na atualidade, quando a Terra, lentamente, experimenta a transição de *mundo de provas e de expiação* para *mundo de regeneração*, é indispensável que se apliquem no lar e depois, na escola, os avançados recursos pedagógicos que podem promover o educando na direção da sua plenitude.

Na história do Cristianismo, recordamos que Clemente de Alexandria dedicou a Jesus um tratado de pedagogia, por considerá-lO o Pedagogo (por excelência), em face das Suas extraordinárias lições de iluminação da consciência e de harmonia dos sentimentos. Mediante um olhar noético em referência à grandeza da vida, encontra-se em Jesus toda a fonte de sabedoria, quando Ele se declarou o *Caminho da verdade e da vida*, oferecendo *vida*, porém *vida em abundância* e incessante...

O excesso de comodidade oferecido pela tecnologia tem ensejado ao materialismo a aplicação da sua lógica pervertida que aliena o indivíduo, por atirá-lo no abismo do inconformismo resultante das ambições desmedidas a que se entrega, na volúpia de tudo gozar de imediato, em face da constante presença da morte aniquiladora...

Assim sendo, é perfeitamente natural que se apliquem os novos métodos educacionais, aqueles que trabalham o educando *para ser, para conhecer, para fazer e para conviver,* de forma a criar-se condições de amadurecimento psicológico nas gerações novas, ensejando-lhe os meios hábeis para a escolha equilibrada do ter e do ser.

Allan Kardec, por sua vez, fez da educação moral, aquela que se adquire mediante os exemplos dos pais e dos educadores, bem assim de todos os cidadãos, o elemento feliz para estruturar o ser humano em dignidade e valor espiritual, tornando-a adversária vigorosa do materialismo e da crueldade.

Os conceitos niilistas, portanto, trágicos, de Marx, considerando a *religião o ópio do povo*, de Darwin, com a afirmativa de que tudo quanto existe se deriva do acaso e da necessidade, dando lugar aos fenômenos filogenéticos e mesológicos, e de Freud, analisando a questão espiritual como resultado de regressões neuróticas e psicóticas, favoreceram o surgimento de uma sociedade imediatista, belicosa e cruel, porque indiferente ao sofrimento dos seus membros perdidos na miséria social, moral e espiritual...

A educação tem, portanto, um compromisso com a espiritualização do educando, orientando-o em torno da realidade de Deus, da Criação e da finalidade espiritual da existência humana.

Nesse sentido, o amor desempenha um papel fundamental, por oferecer valores de equilíbrio nas emoções e compreensão em torno de todas e quaisquer dificuldades detectadas no educando.

Na constelação familiar, o amor nobre e sem pieguismo torna-se indispensável ao êxito da proposta educativa. É através da sua doação que ele se multiplica e mais se desenvolve, tornando-se imbatível.

Nesse programa do lar, é justo que se apliquem as denominadas *quatro funções psíquicas* de Jung: *pensamento, sensação, sentimento e intuição*, de forma que se logre edificar na escola os *quatro pilares para a educação*, conforme a proposta de Jacques Delors.

A verdadeira educação necessita resgatar os valores ético-morais que foram relegados a plano secundário, elaborando a conscientização da responsabilidade do ser perante si mesmo, o seu próximo e a vida, na qual se encontra sem possibilidade de fuga...

A educação para a Nova Era deve estruturar-se, sem dúvida, no conceito de realização integral, abrangendo os valores culturais, sociais, econômicos, morais e espirituais do ser humano.

Para esse logro, faz-se inadiável a existência de uma nova escola firmada em propósitos de se aprender a aprender realmente e, sobretudo, se aprender a ser, integrado nos incomparáveis ensinamentos de Jesus, exarados no *Sermão da Montanha* e tendo por alicerce o amor que induz ao conhecimento e à vivência do bem. Mediante esse amor, unir, em diálogo franco, a Filosofia com a Ciência, com a Arte, com a Tecnologia, com a espiritualidade, a fim de preencher-se todos os espaços emocionais do aprendiz.

Vale a pena recordar-se, nesse sentido, o pensamento de Teilhard de Chardin, ao informar que: *Quando os seres humanos domarem as ondas, os ventos, as tempestades, os furações, quem sabe não dominarão, também, as forças do amor? Então, pela segunda vez na história da Humanidade, teremos inventado o fogo.*

Multidões de Espíritos que se estão reencarnando nestes dias, têm compromissos com o momento que se vive no Planeta e trazem tarefas específicas em favor do amanhã.

Prepará-los para o desempenho das responsabilidades firmadas na Espiritualidade é tarefa primordial dos genitores, logo seguida pelos mestres nas escolas, oferecendo-lhes motivação para atingir as metas programadas. A tolerância

Constelação familiar

deverá ser instalada na família, alcançando o limite, para que não se torne conivência, de modo a haver cooperação recíproca entre pais e filhos empenhados no mesmo objetivo, que é a conquista da real felicidade.

Criando-se uma pedagogia de valores, descobrir-se-á que a geração nova traz a motivação para o próprio desenvolvimento intelecto-moral, porém, portadora de expressivo índice de responsabilidade, terá que ser conduzida com bondade e energia, a fim de que não se venha perturbar com as situações existentes.

Entre as características dos educadores devem ser ressaltadas a humildade e a coragem de serem verdadeiros, reconhecendo, quando errarem, jamais impondo o que desejam, utilizando-se da condição de adultos e de orientadores.

Quando tal ocorre, os educandos percebem que estão sendo manipulados e perdem a confiança naqueles que lhes deveriam ser modelos de dignidade e de responsabilidade, sofrendo um grande golpe na área da afetividade e do respeito.

Educar é também educar-se. Quem não é educado, está impossibilitado de educar, porquanto os seus serão exemplos negativos que perturbarão a acuidade de observação dos discípulos, sempre atentos, especialmente ao descumprimento dos códigos de valores que lhes são apresentados.

A veneranda doutora Maria Montessori já assinalava no seu tempo *que o ser humano possui uma grande e desconhecida capacidade para evoluir; a educação começa no desenvolvimento dos sentidos; a semente da existência encontra-se na primeira infância; a criança é um todo que se completa no outro, na família, na sociedade; não há uma educação grupal. Apenas a educação individualizada pode ser comunicada ao grupo; o objetivo da educação é desenvolver toda a potencialidade da criança; considerando-se que a criança precisa desenvolver-se no meio, deve adquirir habilidades sociais; a educação deve velar pelo equilíbrio emocional do educando; treinar igualmente a coordenação física; em paralelo ao preparo social, físico, emocional, a criança deve desenvolver sua inteligência; cada ser humano é único e deverá ser educado como tal...*

A educação deve, portanto, proporcionar alegria e bem-estar, jamais caracterizar-se como coação ou troca de interesses, gerando desencanto e depressão nos aprendizes, de modo que, através da lealdade e compreensão, sejam estimulados à conquista do conhecimento e do ajustamento social em padrões de harmonia e de respeito por todos, incluindo a Natureza e tudo quanto existe.

Na constelação familiar, portanto, devem-se aplicar os recursos preciosos de uma educação integral, tendo-se em vista a sociedade do futuro, sem traumas nem heranças perniciosas dos conflitos existenciais derivados destes atormentados dias terrestres...

12

EDUCAÇÃO PARA A AMIZADE

A amizade é um sentimento de elevação que deve viger na conduta dos seres humanos, preparando-os para os grande voos do amor. Pode-se mesmo asseverar que a amizade é uma conquista relevante, uma vitória em relação ao egoísmo e aos seus corifeus, em razão de vincular uma a outra pessoa e ambas ao grupo social no qual se encontram.

Sem amizade, a existência humana perece, e, na constelação familiar, quando não existe, abre expressiva lacuna entre os seus membros.

É um sentimento de afeição que se desenvolve com desinteresse de receber qualquer tipo de gratificação, ensejando relacionamentos edificantes e fraternais.

O amigo é um tesouro que se encontra ao alcance, sempre disposto a contribuir em benefício do outro.

A amizade não deve ter por meta alcançar benefícios, nem expressar manifestação de servilismo ou permuta de gentilezas.

É como o Sol que ilumina tudo, alcançando a delicada pétala da flor e a superfície pútrida do pântano com a mesma generosidade.

Constitui um treinamento para as vinculações mais profundas, quando o amor faculta a intimidade que se desdobra na constituição da prole.

Na família, é indispensável para que reine a harmonia. Os vínculos biológicos facultam melhor desenvolvimento da amizade, em razão da convivência e dos interesses superiores em favor do grupo.

Ampliando-se, alcança outros indivíduos e permite--lhes a ocorrência de pensamentos iguais, que se comunicam naturalmente, favorecendo com alegrias aqueles que conseguem preservar o excelente sentimento.

É um combustível que sustenta a luz da evolução, aquecendo o coração e fortalecendo as emoções.

As pessoas que se sentem incapazes de manter relacionamentos fraternos em que predomina a amizade, encontram-se em estágio egoístico, de que necessitam libertar-se, treinando a gentileza no trato, abandonando a postura de fiscal do seu próximo e manipulador em relação a todos quantos se lhes acercam.

Muitas vezes, quando o amor da sensualidade irrompe no indivíduo, fascinado pelo transitório prazer, a busca ardente é de fácil consumpção, porque falta o alimento poderoso da amizade que mantém e preserva quaisquer tipos de relacionamentos.

Essas paixões perturbadoras são resultado da solidão, do vazio existencial, que devem ser cuidados preventivamente no ninho doméstico, mediante o despertar da amizade sem jaça. Plantando-se, no solo infantil, as sementes da tolerância e do bom entendimento, elas fixam-se no cerne da memória afetiva e prolongam-se por toda a existência, multiplicando-se em frutos sazonados, que ressurgirão em futuras experiências reencarnatórias felizes...

Algumas vezes, naqueles que têm bem desenvolvido o vínculo da amizade, ei-las já fixadas no íntimo, como efeito de condutas vivenciadas anteriormente.

Quando se experiencia a amizade na família, com muita facilidade ela se expande em relação a outras pessoas fora do círculo biológico, favorecendo o enriquecimento da existência, estimulando ao trabalho em benefício de todos.

Afirmava Aristóteles que um amigo é *uma única alma habitando dois corpos.*

Nos dias atuais, a amizade diminui em razão da suspeita que se avoluma em torno dos relacionamentos, que se apresentam, quase sempre objetivando lucros imediatos, projeção da personalidade, interesses escusos...

A violência, que irrompe em toda parte, empurra as criaturas para a solidão das suas fortalezas residenciais, trancadas, guardadas por sentinelas, equipadas por câmaras de televisão, por sistemas de alarme...

Nos encontros sociais, nos clubes e nos salões de festas, onde parecem viver a fraternidade, esses indivíduos mais se exibem e analisam os outros do que confraternizam, respirando emocionalmente a atmosfera da aparência e da suspeita, sem que seja permitido o surgimento da confiança recíproca, e quando, às vezes, inicia-se esse fenômeno, o hábito mental de considerar a vida sob o aspecto servil, inspira condutas injustificáveis e perturbadoras.

Nos estágios infantojuvenis, no entanto, é mais espontânea a amizade, porque a malícia e os hábitos doentios ainda não se lhes instalaram, permitindo a natural convivência e o sincero relacionamento. Entretanto, sendo preservado o sentimento no período adulto, multiplicam-se as emoções de bem-estar, de harmonia e de autoconfiança, logrando expressivos benefícios para o grupo social em que se movimentam.

A amizade se expressa de maneira muito variada.

Nas uniões conjugais, quando esmaecem os interesses da libido sexual, estua esse sentimento nobre, apresentando e mantendo beleza na existência.

Exemplifiquemos: um esposo de idade está no consultório médico fazendo exames, quando olha aflitivamente para o relógio e solicita ao esculápio terminar as análises. Indagado pela razão da pressa, ei-lo esclarecendo que, em todas as quintas-feiras, naquele horário, visita a esposa que se encontra num lar de anciãos. Ela era portadora do *mal de Alzheimer*, desde há cinco anos, e havia perdido completamente a lucidez. Ele buscava estar ao seu lado, conversava, lia para que ela ouvisse, narrava os acontecimentos da semana...

O médico, surpreso, interrompeu-o, informando que, desde que ela não mais possuía o uso da razão, não saberia se ele a visitava ou não, portanto, não havia necessidade da pressa.

Sorridente e jovial, o esposo redarguiu:

– Bem, ela não sabe se eu fui visitá-la ou não, mas eu sei...

A amizade é responsável, é consciente, é gentil. Não importa muito como o outro a recebe, mas é essencial, conforme se expresse. Ideal, sem dúvida, quando é recíproca, nada obstante ser muito nobre quando surge em quem quer que seja e da maneira como se apresente...

Constelação familiar

Não pode ser fingida, não tem caráter de valorização, nem pretende conquistar, a fim de jactar-se.

O verdadeiro amigo é somente o amigo, sem retórica nem poesia, sem adereços ou exterioridades.

Para que permaneça forte, a amizade necessita de ser sustentada pela bondade, esse nobre sentimento de compreensão das deficiências alheias e de ternura pelo seu próximo.

Aqueles que evitam ou que não têm amigos podem considerar que preferem não ser amigos, mantendo-se em estados mórbidos de conduta que levam à depressão e ao pessimismo.

No lar, especialmente, a amizade é fator primordial para a união entre os diversos membros, propiciando confiança e estabilidade geral.

Destituídos de sentimentos superiores, os animais demonstram amizade e confiança naqueles que cuidam deles e os preservam, tornando-se excepcionais amigos que se sacrificam, quando necessário, por instinto, numa quase inteligência embrionária, para salvarem os seus protetores.

Evoluindo do reino animal ao humano, a amizade é o primeiro patamar para ser construído o sublime sentimento do amor.

13

EDUCAÇÃO PELO TRABALHO

O vocábulo trabalho vem do latim *tripalium*, que era o nome de um cruel aparelho de suplício, que provocava dores acerbas. Representava, portanto, um veículo de sofrimento. Através do tempo, a palavra evoluiu e passou a ter um sentido de ação dignificante, esforço de qualquer natureza objetivando uma realização elevada, modificando-lhe totalmente o significado.

O trabalho é força propulsora que faculta o progresso da Humanidade sob todos os aspectos considerados.

Nunca se deve esquecer a frase enunciada por Jesus, respondendo aos fariseus que o censuravam, porque curava no sábado: *O Pai até hoje trabalha, e eu também trabalho* (João, 5: 17), demonstrando a grandeza da atividade construtiva e libertadora em todos os momentos da vida.

Tem o sentido de elevar moralmente o indivíduo, corrigindo-lhe a indolência e estimulando-o à conquista da saúde emocional, social e financeira.

A educação para o trabalho merece especial atenção da família, de maneira a despertar e manter o sentido do dever de servir e cooperar, a fim de que não ocorra a infeliz situação de o indivíduo tornar-se um peso evitável na economia social.

As modernas diretrizes em favor da educação, entre os seus pilares básicos, conforme o Relatório Jacques Delors, propõem o paradigma *ensinar a fazer*, depois de *ser*, para melhor *conviver* e por fim *conhecer*.

Distantes vão os dias das técnicas de memorização e de atividades realizadas pelos educadores, propondo-se atualmente o esforço do educando através de pesquisas, de intercâmbio com os colegas de saudável convivência, de despertamento da consciência e da identificação da própria responsabilidade.

No lar, deve iniciar-se a educação para o trabalho por meio de pequenas e importantes tarefas que se delegam aos filhos, tais como: a higiene pessoal, a arrumação da cama e do quarto, a ordem nas roupas e calçados, nos objetos e livros escolares, nos instrumentos de diversão e noutros labores compatíveis com o seu desenvolvimento físico e mental.

Quando os pais realizam a tarefa que cumpre aos filhos executar, estão preparando-os para a ociosidade, a malversação do tempo de que dispõem, a indiferença ante o esforço do próximo. Mesmo nos lares abastados, nos quais se podem manter servidores remunerados, a educação para o trabalho tem a sua vigência, porque aquele que não sabe fazer, dificilmente saberá mandar fazer, orientar para que se realizem atividades, estimulado pela subserviência de empregados e subalternos que dependem de salário para a sobrevivência...

Diante de auxiliares que contribuem para a execução de serviços, é de saudável proveito a cooperação recíproca, evitando-lhes a submissão humilhante e revoltada.

Constelação familiar

Quando um servidor percebe que o seu não é um trabalho inferior, porque o seu orientador ou patrão não sente pejo em auxiliá-lo, mantendo sempre atitudes respeitosas e de consideração, dignifica-se, porquanto não é o tipo de trabalho que honra o indivíduo, mas sim a maneira como este se desincumbe do compromisso.

Gerando-se disciplina através da educação desde muito cedo, no lar, o aprendiz adapta-se à responsabilidade e incorpora-a em todos os momentos da existência.

Aprende a ser gentil, quando solicita e a agradecer quando recebe.

Valorizando o trabalho pelo seu significado honorável, respeita todos aqueles que participam ou não da sua convivência e com os quais frui benefícios do progresso geral, sendo considerado e digno de imitado.

A constelação familiar é uma colmeia onde todos devem participar dos deveres gerais, a fim de desfrutar-se dos coletivos benefícios que disso decorrem.

Jamais se deve sobrecarregar alguém no trabalho, a benefício da inutilidade de outrem, seja porque se encontra em situação econômica privilegiada ou político-social relevante.

Quando tal ocorre, aquele que usurpa as energias alheias termina por enfermar-se, vitimado pelo *tempo vazio*, que é inimigo da paz interior, pelo facultar o surgimento das ideias extravagantes e perversas, dos comportamentos alienantes e esdrúxulos, divagando na maneira vulgar de chamar a atenção em face da perda de identidade pessoal.

Mediante a laborterapia recuperam-se pacientes morais que se entregaram ao crime, desenvolvem-se aptidões adormecidas em portadores de deficiências mentais e emocionais, abrindo-se campo saudável para todas as criaturas.

O trabalho produz um nexo entre o indivíduo e o progresso sociocultural, ensejando mudança de hábitos, libertação de vícios, crescimento interior e despertamento para ideais adormecidos e a preservação deles.

A sociedade tem conquistado patamares de evolução do pensamento graças ao trabalho das gerações transatas, de homens e mulheres que se não conformavam com a situação em que se encontravam, empenhando-se para modificar a estrutura do seu tempo, sacrificando-se, muitas vezes, em benefício das gerações que os sucederiam. Não fruíram os benefícios que legaram à posteridade, mas experienciaram a satisfação imensa de agirem corretamente, produzindo o melhor do que podiam anelar para si mesmos...

A família que trabalha unida e tem um programa de ação coletivo é mais próspera e mais feliz, não permitindo que a hora vazia abra espaços mentais e emocionais para o desperdício do tempo e da oportunidade, que raramente retorna, e, quando volve, é sempre em condições diferenciadas.

Uma das características de uma existência saudável apresenta-se quando o indivíduo faz do trabalho o precioso instrumento da sua libertação das mazelas e do ócio, contribuindo em favor do desenvolvimento geral, mesmo que a sua signifique uma *gota d'água* na desolação do areal inclemente pela ardência do sol...

Os altos níveis de estresse vivenciados pela sociedade contemporânea são resultados, entre outros, das circunstâncias e das ambições que caracterizam estes dias, transformando o trabalho em instrumento de conquista de recursos para a supremacia em relação aos demais, seja do ponto de vista social, econômico, político, religioso... E o desequilíbrio se instala, em face da desordem defluente do trabalho egoístico e insensato.

Desde quando se estabelece como código de honradez o trabalho, é justo programar-se o repouso, o refazimento, o bem-estar como produtos da ação contínua.

Invariavelmente, são transformados esses recursos em excitação e ansiedade, buscando-se lugares festivos e atordoantes para o prazer, onde os jogos do sexo, das libações alcoólicas e da futilidade destacam-se como de primordial importância, em detrimento da renovação de forças e da alegria das horas agradáveis.

Clubes e *spas* para a exibição social, para a cultura do corpo, tornam-se metas que a grande massa deseja atingir, podendo fruir em demasia de destaque comunitário, inveja em relação às formas dentro dos padrões da beleza de cada período, com crescente conflito de insegurança e medo de perder-se a projeção conseguida...

Todos necessitam do trabalho de outros, formando uma cadeia de ação que não se interrompe, renovando os sentimentos e fortalecendo os comportamentos edificantes.

O trabalho também ilumina o Espírito, quando este busca o autoaperfeiçoamento, a autoiluminação.

Esse fabuloso instrumento de elevação, portanto, deve ser estimulado no lar, fazendo parte do programa educativo para a vida que será insculpida na criança, preparando-a para a razão e a ação no futuro.

14

EDUCAÇÃO PARA A CORAGEM

A coragem é a intrepidez que se desenvolve no ser humano, a fim de poder realizar os enfrentamentos com decisão e altruísmo, mantendo a firmeza de espírito em qualquer circunstância, entre outras definições.

Resultado de uma boa orientação espiritual, a coragem dignifica e eleva o Espírito, trabalhando as suas necessidades e desenvolvendo os atributos que necessitam de expansão.

Difere da impetuosidade que caracteriza a predominância do instinto, demonstrando a grandeza dos sentimentos que não temem, que não recuam diante da dificuldade.

Essa característica é a marca primorosa dos heróis em todos os campos do comportamento humano, não apenas daqueles que se fizeram combatentes conhecidos pelas batalhas travadas contra os invasores da pátria, do lar, do seu campo de ação... Mas também, e principalmente, dos que descobriram terras, que inventaram os instrumentos propiciadores do crescimento da sociedade, que perseveraram nos laboratórios e no silêncio das suas oficinas, buscando soluções para os problemas que dificultavam a marcha do progresso humano.

Não foram poucos os portadores da coragem, da paciência e do esforço, que souberam esperar o momento hábil para a realização dos empreendimentos enobrecedores, e que inscreveram os seus nomes nos anais da História.

A coragem é uma virtude no conceito aristotélico, que a igualava a outras conquistas logradas pelos valores éticos.

O ser de coragem arrosta as consequências das suas decisões sem temor da injúria e da perfídia dos outros, confiando nas possibilidades de que dispõe para atingir a meta que estabelece.

A coragem deve ser desenvolvida no lar, desde os primeiros fenômenos reativos da personalidade infantil, a fim de selecionar dentre os impulsos do primarismo os sentimentos de afirmação, orientando os de elevação ético-moral, de forma a constituírem uma couraça protetora em torno da existência.

O medo, muitas vezes, propele o indivíduo para determinadas atitudes que podem confundir-se com a coragem, quando são apenas mecanismos de defesa da vida e impulsos destrutivos.

A coragem alia a razão à emoção e trabalha sem precipitação nem alarde, produzindo fenômenos de alegria e de paz.

Em face do processo da evolução, o Espírito transfere de uma para outra reencarnação as marcas das ocorrências que foram enfrentadas, assinalando-o com culpa, medo e necessidade de fuga, diante de qualquer iminente perigo, real ou imaginário.

Constelação familiar

A educação para a coragem fortalece as fibras mais íntimas do ser, estimulando à superação, etapa a etapa, dessas heranças perturbadoras.

O desenvolvimento da autoconfiança e da determinação em relação aos compromissos para com a existência faculta a manifestação da coragem, que se fortalece aos estímulos interiores da oração e da confiança irrestrita em Deus.

Pelo caminho existencial sempre surgirão ameaças e desafios, que constituem oportunidade de crescimento moral e emocional, devendo ser enfrentados com naturalidade e decisão.

A coragem nasce de um específico sentimento de amor àquilo em que se crê, que se deseja e pelo qual se luta.

Mediante a presença do amor a coragem faz-se mais decisiva e, portanto, com melhores possibilidades de alcançar o triunfo na luta a que se entrega.

É muito comum, na educação do lar, cuidar-se da prudência, da humildade, da submissão, poupando-se constrangimentos e decepções, amarguras e dissabores. Embora seja uma conduta correta, não se pode prescindir da coragem para manter-se prudente, quando as circunstâncias favorecerem reações precipitadas. Da mesma forma, a humildade necessita da coragem para preservar-se digna, fugindo da situação do medo que submete o indivíduo àquilo que detesta, exclusivamente porque não deseja experienciar incômodos nem mal-estares.

A coragem supera essas situações complexas, que impõem decisão firme e ação contínua.

O medo paralisa, impede o crescimento moral e intelectual, arruinando as possibilidades de elevação que surgem no processo da evolução. Embora decorra de um sentimento humano cauto, deve ser circunscrito numa fronteira em que a prudência recomenda equilíbrio, recuo, recomposição de forças, evitando a afoiteza irresponsável.

Tudo aquilo quanto é desconhecido gera certo sentimento de medo, de precaução, por gerar incerteza e produzir desconfiança.

O excesso, porém, de cuidados, em face das ocorrências não esperadas, daquilo que se constitui novidade e desconhecimento, pode favorecer a estagnação e dar lugar a transtornos de conduta.

Na educação doméstica para a coragem, torna-se necessário desenvolver as aspirações da beleza, da verdade, da conquista moral, de forma que as intempéries, as vicissitudes que se apresentem sejam devidamente enfrentadas com decisão e disposição para vencê-las.

Quem receia voar além dos limites não consegue alcançar os próprios limites, definhando e amofinando-se diante do maravilhoso projeto viver.

A coragem necessita, no ninho doméstico, do combustível dos exemplos que devem ser dados pelos pais diligentes e trabalhadores, que não se queixam, nem se entregam a lamentações, sabendo referir-se aos acontecimentos negativos com naturalidade, como pertencentes ao processo de realizações.

Nenhuma ascensão pode ser conseguida sem a vitória sobre os percalços da trajetória.

Os acumes são difíceis de ser alcançados, mas quando conquistados premiam com a visão deslumbrante da paisagem em volta.

Constelação familiar

A existência humana pode ser considerada como uma *aventura evolutiva*. Enfrentá-la com altivez e coragem é conseguir-se o triunfo em toda a sua generosidade e significação.

Cada situação vencida retribui com momentos encorajadores e mais belos, dando significados estimulantes para novas lutas.

Somente com a coragem se pode combater o mal e suas expressões inferiores, que se encontram ínsitos nos sentimentos torpes, que defluem do egoísmo, da presunção e da equivocada visão em torno dos valores nobres que se não têm.

É indispensável coragem para autoanalisar-se, para descobrir as anfractuosidades morais, as imperfeições em predomínio, as mesquinhezes do caráter e da conduta.

Foi a coragem que deu oportunidade aos artistas, aos estetas, aos santos, aos cientistas, aos heróis de todo tipo, aos conquistadores, aos pensadores éticos e aos lutadores nobres, de realizarem os seus sonhos, de construírem as suas aspirações, tornando-as realidade no mundo objetivo...

Jesus Cristo, com muita justiça, denominado o Herói da cruz, viveu corajosamente, arrostando todas as consequências do Seu ministério, sem submeter-se aos dominadores de mentira, aos poderosos de coisa nenhuma, demonstrando que o amor é a força mais grandiosa que existe no Universo, porque nascida em Deus, sustenta a Criação.

Seu exemplo de coragem permanece como estímulo e lição viva para todas as criaturas que desejam a iluminação e o encontro com Ele.

15

EDUCAÇÃO SEXUAL

Questão relevante e intransferível é a que diz respeito à educação sexual dos filhos.

Anteriormente, quando reinava a ignorância e predominava a superstição assinalada pela malícia, o sexo era tabu e o conceito religioso tradicional que o abominava, nele via somente o pecado que se derivava da mitologia do comportamento de Eva seduzida pela serpente, por sua vez arrastando Adão, no paraíso de fantasia...

Através da evolução cultural, o sexo tornou-se objeto de estudos nobres, merecendo o respeito a que faz jus, na sua condição de instrumento para a procriação, desse modo, perpetuando a espécie.

À medida que vem recebendo contribuições psicológicas, em torno dos relacionamentos específicos, experimenta a banalização da sua conduta, sendo responsável, de algum modo, por dramas e tormentos individuais como sociais, que estarrecem.

Desde quando foi estudado pelo eminente neurologista e psiquiatra vienense Sigmund Freud, que o libertou da ignorância a que fora relegado, que passou a exercer um grande fascínio nas mentes e nos sentimentos. A princípio, as conclusões do eminente médico foram consideradas abusivas, e experimentaram a agressão da ignorância, mediante ataques vigorosos, que não lhe diminuíram a grandeza. No entanto, vendo, apenas, um lado da questão, o notável cientista, por sua vez, estabeleceu *a ditadura da libido*, reduzindo, praticamente, todos os fenômenos da emoção a consequências neuróticas derivadas da forma como o sexo é encarado ou não, exercido ou recusado...

Graças à visão espírita, porém, além das suas nobres funções orgânicas, desempenha também um papel emocional muito significativo, como decorrência da maneira como é considerado e vivenciado.

Na atualidade, em face de muitos fatores sociológicos e educacionais, o sexo tornou-se instrumento de fama, de poder, de domínio.

As informações equivocadas e a ausência delas têm-no reduzido apenas a instrumento de prazer, no qual se encontram fontes de perversão e de gozo intérmino, transformando as criaturas em *objetos* de variado preço, mas de aquisição fácil desde que se disponha dos recursos exigíveis para tanto.

O sexo é portador de objetivos elevados, tanto do ponto de vista fisiológico como psicológico, pois que, além da finalidade procriativa a que se destina, proporciona a permuta de *hormônios emocionais*, contribuindo para a alegria de viver e a harmonia psicológica dos seres humanos.

Em face, no entanto, da denominada liberação sexual, tornou-se instrumento de nefando comércio, através do qual foi montada toda uma indústria de perversão e de permissividade, fascinando as pessoas atormentadas que se lhe entregam, inermes, ao domínio, vitimando-as cada vez mais.

Constelação familiar

Por outro lado, a facilidade apresentada pelas comunicações virtuais vem o oferecendo como produto de consumo em que as mais terríveis utilizações passam a ser apresentadas.

Nos lares desassistidos pela dignidade, multiplicam-se os casos de pedofilia, que se espalham pelas comunidades, estimuladas pelo turismo sexual infantil e as incontroláveis apresentações de espetáculos através da internet, nos quais a criança é vilipendiada em todos os seus sentimentos, que se transformarão em suplício mais tarde.

O pior, nessas situações, é que muitas crianças são vítimas de pais inescrupulosos que as expõem a preço de moedas criminosas para manterem a ociosidade e a morbidez.

Não é rara a apresentação de crianças em situações reservadas aos adultos, como se os fossem em miniatura, imitando-os e tentando seguir-lhes os passos, em caricaturas vergonhosas, para o prazer dos adultos infelizes que os têm como filhos.

A sua infância é malbaratada por esses indivíduos perversos e doentes espirituais, que as viciam e impõem-lhes a morbidez, exibindo-as em atitudes ridículas e nada provocantes, que fascinam outros enfermos mentais, sempre à caça de sensações novas e extravagantes.

A educação sexual deve fazer parte do programa familiar, no qual todas as questões devem ser abordadas com naturalidade, no dia a dia, sem precipitação nem atraso.

Aquilo que a criança não aprende no lar, certamente encontrará deformado em outros lugares, onde não existe dignidade nem interesse pela sua saúde moral.

Indispensável, portanto, iniciar-se a educação sexual da criança, assim que ela possa tomar banho no mesmo momento que o pai, quando do sexo masculino, ou com a mãe, quando do sexo feminino, ensejando à sua natural curiosidade a explicação pertinente às funções orgânicas como aparelho excretor, tanto quanto na condição de reprodutor.

Elucidar com alegria que é através da união dos dois sexos que a vida material se perpetua e os Espíritos dispõem da oportunidade de revestir-se do corpo físico, a fim de vivenciar as suas provas e expiações.

Sem excesso de pudor ou ausência dele, direcionar os filhos para o exercício sexual no momento adequado e evitar informações para as quais não haja interesse do educando.

Ao mesmo tempo, explicar, quando for oportuno, o uso indevido que é aplicado por pessoas enfermas e diante da vulgaridade exposta nos veículos de comunicação de massa, elucidar que a realidade difere daquilo, por tratar-se de exibicionismo comercial para atrair pessoas atormentadas.

A conversação sadia em torno do sexo no lar, de igual maneira como se abordam outros temas, constitui segurança para o comportamento equilibrado, mesmo quando se venha a deparar com as abjeções e dislates que se encontram em todo lugar.

Quando os pais notarem comportamentos diferentes nos filhos, como, por exemplo, preferências de natureza homossexual, devem examinar com espontaneidade sobre o significado da ocorrência, orientando o filho ou a filha para comportamentos saudáveis de respeito a si mesmo e ao grupo social, sem deixar que se lhes instalem conflitos, perfeitamente evitáveis.

Não considerar a ocorrência como uma infelicidade ou punição divina, como era normal nos redutos onde predominava ou remanesce a desinformação.

A problemática não é de natureza homo ou heterossexual, mas sim moral, colocando acima da opção a conduta de cada qual na maneira correta de conduzir a existência.

A reencarnação é oportunidade sublime de educação dos sentimentos e de aprimoramento das faculdades intelecto-morais, cabendo a cada um exercer a sua sexualidade conforme a sua constituição emocional, dentro dos padrões de dignidade e harmonia pessoal.

Os velhos pruridos a respeito da ocorrência devem ceder lugar aos impositivos das Leis Soberanas que ensejam ao Espírito encarnar numa como noutra polaridade, a fim de desenvolver os valores pertinentes a uma como a outra experiência. A maneira como cada qual vivencie a jornada terrestre irá ensejar-lhe crescimento espiritual ou necessidade de refazer o caminho através da recuperação que lhe será proposta.

A constelação familiar, portanto, é o núcleo melhor da vida para a orientação sexual, evitando que pessoas desinformadas e em distonia emocional se encarreguem de apresentar os conflitos que as vitimam como sendo o melhor caminho a seguir, ao tempo em que as rápidas e perversas informações da mídia, que sempre induzem à liberação desastrada dos comportamentos que se convertem em espetáculos de sofrimento futuro, devem ser esclarecidas com mais profundidade.

16

RELACIONAMENTOS SOCIAIS

Vivendo-se em sociedade, os relacionamentos entre as pessoas, em especial, e genericamente entre as famílias, constitui um desafio necessário à construção da harmonia do conjunto.

Quando apenas uma nota se encontra desafinada em um instrumento musical, o todo sinfônico padece as consequências perturbadoras da ocorrência.

Da mesma forma, quando alguém se desestrutura emocionalmente, ocorrem efeitos no grupo familiar, que, por sua vez, influenciam a sociedade como um todo.

As experiências de relacionamentos entre famílias são necessárias, devendo, porém, revestir-se de significados existenciais elevados. Não apenas de encontros formais ou reservados contatos, mas de convivência fraternal, sem aprofundamento nas intimidades pessoais, mas também sem distância, de forma que, num momento de necessidade, não haja constrangimento em solicitar-se apoio e ajuda.

O significado representa o ideal geral de entendimento, de ideais que devem sempre mover os indivíduos no rumo da felicidade.

Não é, pois, destituído de legitimidade, quando se assegura que a felicidade deflui de três fatores essenciais: o prazer, o engajamento e o significado.

Quando falta um desses elementos, os outros constituem razão de júbilo transitório e de incompletude para a felicidade.

O prazer é de fácil entendimento e todos o experimentam em uma ou outra situação, quando algo lhes é agradável, faz-lhes bem, contribui para a sua alegria.

Por sua vez, o engajamento refere-se ao entusiasmo com que se adere a uma atividade, na qual se encontram a satisfação íntima e o bem-estar, contribuindo para mais amplo sentido existencial.

O significado, por sua vez, representa o valor que se atribui à própria existência, o objetivo dignificante atribuído às realizações, equivalendo a todo e qualquer trabalho que promova outrem, que o ajuda na solução dos desafios e na conquista de patamares mais elevados na vida.

O significado encontra-se, não raro, em comportamentos religiosos, mas não somente neles, que facultam ao indivíduo a visão espiritualista, a convicção em torno da sobrevivência do Espírito à morte física, a ação da benevolência, da compaixão, da caridade...

A convivência entre famílias poderá abranger os três elementos, dos quais se retira a satisfação de uma vizinhança gentil e responsável, que sabe respeitar os problemas, uns dos outros, estando em vigília, porém, para socorrer-se mutuamente, sempre que se faça necessário.

De bom alvitre que, ao instalar-se uma família nova no bairro, no condomínio ou no edifício residencial, onde já se vive, que se crie o hábito saudável de uma visita

Constelação familiar

fraterna, antecipadamente anunciada, a fim de apresentar-se, travando-se um conhecimento gentil que pode ser útil em momentos emergenciais, que todos, vez que outra, experimentam.

Não será necessário ou se faz indispensável a preocupação com presentes, com festas de acolhimento, ou que dê ensejo a confidências dispensáveis, mas que signifique tratar-se de um grupo que se deve conhecer e sustentar-se, facilitando a comunicação e o entendimento humano, em forma social.

Nesse sentido, as crianças e os jovens, caso os haja, terão melhores condições para relacionar-se, para a convivência amiga e a troca de experiências e auxílios na área estudantil.

Nas circunstâncias atuais, vive-se, em um edifício, sem qualquer contato com o seu vizinho, desconhecendo-o e, por consequência, tendo-o como um risco em estado potencial, evitando-se qualquer comunicação, temendo-se problemas e consequências indesejáveis.

Certamente, há famílias como indivíduos que têm muita dificuldade de identificar-se com outros, por deficiência educacional, o que lhes permite intimidades perniciosas, convivências agitadas, interesses subalternos... Mas não são todos, porquanto, de outra forma, encontram-se pessoas e grupos familiares sadios moral e espiritualmente, que sabem respeitar as conveniências dos outros, mantendo-se amigáveis, mas discretamente distantes dos distúrbios de uma convivência perturbadora.

A vida em sociedade é necessária para o desenvolvimento ético e moral dos indivíduos responsáveis pelo grupo familiar, ensaiando passos para ampliar os relacionamentos com outros segmentos humanos.

Não poucas vezes, as pessoas encontram-se em clubes ou bares, em festas ensurdecedoras em que se refugiam para esconder-se do tédio ou driblar as frustrações emocionais e afetivas, procurando estímulos fortes em alcoólicos, em experiências sexuais ligeiras, sem sentido, despertando da ilusão com mais inquietude e solidão.

Somente através de uma convivência positiva, que resulte agradável, é que se podem formar relacionamentos saudáveis, que resultam em harmonia no grupo, em interesse sincero em favor do bem-estar de todos.

O isolamento a que se entregam os indivíduos contemporâneos, especialmente nestes dias de comunicação virtual, trabalha em favor de conflitos mais graves do que aqueles que já se lhes instalaram, empurrando-os para distanciamentos físicos cada vez maiores, em que perdem a sensibilidade da convivência, o calor da amizade, e os anseios que os movem são sempre pertinentes aos interesses financeiros, aos gozos sexuais, quando não, às perversões que grassam avassaladoras.

Quando esse isolamento não decorre da fuga para a convivência virtual, os conflitos existentes nessa pessoa afastam-na do meio social, da intimidade na família, procurando justificações para entregar-se ao sofrimento, quando não tombando em depressão.

Os relacionamentos, portanto, devem iniciar-se no próprio meio familiar, no interesse pelo que ocorre em relação ao grupo sanguíneo, no qual se renasceu, participando das atividades domésticas e das preocupações, procurando solucionar os problemas e as dificuldades, enfim, movimentando-se de maneira edificante na constelação do lar.

Mais facilmente se torna partir do simples para o complexo, da família para o vizinho, do grupo de interesses comuns para as aspirações da sociedade, oferecendo-se de maneira ativa para tornar melhores os dias da existência, em relação à própria como às que se referem às demais pessoas.

Nunca houve tanta necessidade de relacionamentos otimistas e fraternais entre as famílias terrestres como na atualidade.

Em face dos distúrbios que vigem em toda parte, impõe-se socialmente o objetivo de relações saudáveis, de forma que sejam modificados os fatores de risco entre os indivíduos, revivendo os interesses benéficos, ao invés da indiferença que se observa em todo lugar.

O que ocorre com o próximo, com o vizinho, é anúncio do que irá acontecer mais tarde com aquele que fica insensível à sua aflição, que evita ajudar para não se comprometer, tornando-se antissocial, antifraterno, egoísta...

A vida é resultado do amor, e este trabalha em favor da solidariedade com todas as formas existentes: minerais, vegetais e animais.

Através, portanto, dos relacionamentos familiares, que facultam solidariedade e compreensão, instala-se o *Reino de Deus* nos corações, proporcionando real motivo para uma família ditosa, uma existência individual e grupal feliz.

17

RELACIONAMENTOS FAMILIARES

Sendo, fundamentalmente, o lar a representação minúscula da sociedade, como célula inicial, é justo que seja construído de forma que se alongue com naturalidade pelo grupo social na direção de toda a Humanidade.

Os hábitos aí adquiridos terão um caráter permanente, porquanto se fixarão no comportamento dos educandos, facultando comportamentos felizes ou conflituosos.

Certamente, em face dos diferentes tipos humanos que existem em toda parte, sempre haverá confrontos entre as diferentes pessoas, seja na intimidade doméstica ou fora dela. Nada obstante, a boa formação moral sobrepor-se-á em detrimento dos incidentes de menor importância.

Desse modo, a constelação familiar deve ser formada por sentimentos de afetividade sem pieguice e de disciplina sem rigidez.

Observar cada filho com cuidado, a fim de descobrir-lhe o nível espiritual em que se encontra, suas aspirações e possibilidades, é dever impostergável dos pais, que não pode ser transferido para funcionários remunerados. Outrossim, a convivência maternal, em frequente contato com os filhos desde o nascimento, irá contribuir para dar-lhes segurança emocional e sustentar-lhes a alegria de viver.

Constata-se com segurança, que na psicogênese de muitos transtornos depressivos na infância, destaca-se a ausência da mãe, isto é, do seu carinho, do seu contato físico, deixando a impressão de abandono, que se converte em amargura inconsciente na criança, que, desamparada, tomba em profunda melancolia. O retorno maternal, o apoio do regaço afetuoso produzem imediata alteração de conduta afetiva, favorecendo o infante com a recuperação da saúde, com a alegria de viver.

O lar não é somente o lugar dos deveres, mas também do prazer, da alegria de conviver e sentir a família, de experienciar júbilos e programar festividades que possam auxiliar os bons relacionamentos sociais.

Por isso mesmo, é justo que possua um clima emocional agradável de equilíbrio, em vez de ser o lugar onde as queixas e as reclamações fazem-se normais, de tal maneira que o ambiente está sempre contaminado de mau humor e de pessimismo.

Mesmo havendo dificuldades e problemas, como é perfeitamente natural, esses devem ser examinados com naturalidade, sem os extremos da revolta ou os escamoteamentos para disfarçá-los, dando-se uma falsa ideia de que tudo está bem. Quando não ocorrem os hábitos de confiança e de lealdade na convivência doméstica, a família começa a desestruturar-se, avançando para o desmoronamento. É imprescindível, portanto, que antes de tal acontecimento todos os seus membros estejam informados das ocorrências que têm lugar no ninho familiar, de forma que os mesmos, em conjunto, contribuam, conforme possam,

Constelação familiar

para solucionar as dificuldades e ampliar os bons resultados do trabalho desenvolvido.

As crianças, em razão da falta de experiência, não deverão participar dos debates mais graves da convivência familiar, o que não significa desconsideração por elas, mas cuidado normal, evitando-lhes apreensões injustificáveis antes que disponham de condições adequadas para bem as entender.

A camaradagem, portanto, no lar, é essencial a uma convivência feliz.

Quando o lar é carente desses valores da alegria, do bem-estar, do respeito recíproco, busca-se fora, em ambientes pouco saudáveis, os estímulos necessários à própria existência. Não sabendo discernir ainda, os educandos permeiam-se das ocorrências e costumes locais, aprendendo a conviver com eles, adaptando-se e passando a preferi-los. O que não encontra em casa e vislumbra fora o atrai, passando a constituir-lhe motivação e despertamento de interesse.

Incluem-se, nesse capítulo, as célebres *proibições*, quase todas irracionais.

Os adultos, impacientes e imaturos, optam por não explicar as razões por que determinados comportamentos são bons e outros são maus, estabelecendo regras de proibições que despertam a curiosidade e o desejo de conhecê-los a todos, por encerrar um conteúdo mágico e fascinante.

A orientação correta a respeito do comportamento e as explicações oportunas em torno dos prejuízos que advêm de alguns deles, eliminam do imaginário infantil aquela atração perturbadora sem traumas, auxiliando no entendimento dos valores que constituem o bem-estar, assim como daqueles que conduzem ao sofrimento, aos estados de ansiedade e de amargura.

O diálogo franco e aberto em torno de todas as questões é sempre o solucionador de enigmas e o amigo do bom entendimento entre as pessoas no lar, no trabalho, na rua, na sociedade...

Nem sempre, porém, tudo estará em clima róseo, por todo o tempo, porque os genitores, por mais abnegados que sejam, também padecem de conflitos, de incertezas, de contrariedades humanas, tendo aspirações e frustrações que não conseguiram superar.

Devem, então, entender os filhos, por sua vez, essa ocorrência, e procurar auxiliar os pais, nesses momentos de turbulência, demonstrando-lhes afeto e carinho, sentimentos de apoio e de gratidão, liberando-se, ao mesmo tempo, de quaisquer conflitos que possam surgir.

Esse intercâmbio saudável é proporcionador de segurança emocional aos diversos membros da família, porque, dessa maneira, sentem-se participantes de tudo quanto tem lugar no seio do clã, adquirindo importância e valor a sua contribuição, por menor que seja.

As experiências que se vão acumulando nos relacionamentos domésticos serão, mais tarde, automaticamente transferidas para a convivência fora do lar, quando as lutas são mais severas e a ausência de parâmetros da afetividade concorre para as definições em torno daqueles que devem ser eleitos como amigos, em relação aos demais que passarão a ser conhecidos, apenas, credores de consideração, mas não de confiança ou de intimidade.

Nesse ambiente de entendimento familiar, todos se auxiliam reciprocamente, nas atividades domésticas, nos trabalhos escolares, nas preocupações de sustentação econômica, evitando-se exageros de gastos e de consumismo, sempre perturbadores e responsáveis por situações aflitivas em relação ao futuro.

A consciência coletiva na família é o resultado da participação de todos os seus membros nas ocorrências diárias, facultando o trabalho geral e ordeiro de preservação do afeto e da manutenção do respeito.

Quando algum membro, porém, não consegue ajustar-se ao programa geral, o que sempre ocorre, em vez de ser expulso do grupo, convém considerá-lo na condição de alguém necessitado de compreensão, ao invés de portador de impedimentos, evitando-se a antipatia ou a animosidade, sejam ocultas ou declaradas.

Sendo a família constituída por Espíritos de diversas procedências, alguns dos quais cobradores de débitos anteriores, é compreensível que se manifestem com azedume, constante insatisfação, agressividade ou reagentes aos planos de entendimento coletivo. Será sempre este membro o criador de problemas, o reclamador, o calceta, o rebelde... Fragilizado espiritualmente, corre o perigo de tombar na fuga pelas drogas, pelo álcool, e, na sua insegurança, iniciar-se no furto, como recurso psicológico para *chamar a atenção*.

Torna-se, então, um verdadeiro desafio familiar, que deve ser levado em consideração, numa representação diminuta em relação ao que será encontrado multiplicadamente na sociedade fora do lar, que exigirá comportamento equilibrado e desafiador.

A família, portanto, é a célula primordial do grupamento social, o reduto onde se forjam os sentimentos e as qualificações para os relacionamentos humanos em toda parte.

Manter-se, desse modo, uma convivência agradável e louçã é a regra de bem proceder no lar, para os enfrentamentos coletivos no futuro.

18

MEDIUNIDADE NA FAMÍLIA

No abençoado núcleo familiar, onde se encontram Espíritos de diversos comportamentos trabalhando em favor da retificação dos erros do passado e seguro direcionamento moral para o futuro, é compreensível que surjam discretos ou agressivos fenômenos mediúnicos, causadores de distúrbios nos relacionamentos afetivos.

A mediunidade, na sua condição de faculdade do Espírito, expressando-se através dos órgãos físicos, constitui um campo experimental de atividades transcendentes, ainda não compreendido quanto deveria.

Ignorando-se, quase que genericamente, o que é a mediunidade, são ainda poucas as pessoas que estão esclarecidas em torno desse formoso recurso de que a Divindade se utiliza para demonstrar a imortalidade da alma e favorecer o intercâmbio com os desencarnados.

Conduzindo alta carga de informações mágicas e destituídas de legitimidade, a faculdade mediúnica é sempre vista de maneira irregular, chegando, às vezes, à aceitação de conceitos absurdos.

Tenazmente perseguida durante a Idade Média e combatida nos séculos seguintes, somente com o advento do Espiritismo é que passou a receber consideração dos estudiosos sinceros e dignificação no seu exercício.

Nada obstante, prossegue sob informações perturbadoras, gozando de místicas injustificáveis e considerações oportunistas.

Sem conhecimento real da sua especificidade, pessoas precipitadas e imaginosas opinam e orientam de maneira equivocada, quando não se referem à necessidade de bloqueá-la e anulá-la nas suas mais variadas expressões.

Noutras circunstâncias, em face das superstições que grassam em torno dos fenômenos paranormais e mediúnicos, surgem fórmulas cabalísticas e práticas excêntricas, como capazes de contribuir em favor do seu desenvolvimento e compreensão.

Desse modo, a faculdade irrompe em qualquer período da existência humana, seja na infância, adolescência, maioridade, senectude, produzindo, quando ostensiva, ruídos e inquietações, necessitando de conveniente orientação, qual ocorre com as demais faculdades emocionais, mentais, aptidões artísticas e culturais...

Na infância, invariavelmente apresenta-se turbulenta, porque a criança, não sabendo discernir a realidade objetiva das ocorrências espirituais, confunde-se e gera situações embaraçosas na família, quase sempre acontecendo momentos desagradáveis e desestruturadores.

Cabe aos genitores não se deixar afligir, quando defrontados por ocorrências desse porte, procurando as soluções adequadas para o atendimento à criança, oferecendo-lhe segurança afetiva, dialogando com naturalidade,

Constelação familiar

explicando que se trata de Espíritos – seres que viveram na Terra e prosseguem sem o corpo físico – que necessitam de orientação, aqueles que se apresentam infelizes e perturbadores ou de respeito, aqueloutros que são bondosos e gentis.

Atender ao filhinho com naturalidade, sem a contribuição fantasiosa do sobrenatural, evitando paisagens aflitivas geradas pelo medo, por ameaças inquietadoras, dando um toque natural ao fenômeno, de maneira a ser bem aceito e compreendido, é o primeiro dever dos pais ante a presença da mediunidade na família.

A maneira mais segura para o atendimento correto, a seguir, será o auxílio de uma Sociedade Espírita, portadora de recursos orientadores, especialmente se a criança encontrar-se em idade própria para participar das atividades infantojuvenis, nas quais encontrará encorajamento e apoio para a superação das aflições que, por acaso, existam.

Nunca permitir que a criança-médium participe de atividades mediúnicas, por mais se apresentem justificativas, considerando-se a impossibilidade de ela introjetar os ensinamentos espíritas específicos em relação à problemática, assim como à dificuldade de selecionar os conflitos que têm lugar durante o período de educação da faculdade.

Não há pressa para que seja feito o *desenvolvimento mediúnico*, porquanto este se estende por toda a existência, sempre necessitando de reflexão, de estudo, de vivência.

A criança e o adolescente devem ser poupados das experiências mediúnicas organizadas em Instituições Espíritas, trabalhando-se-lhes os valores morais, edificando os sentimentos nobres e conduzindo-os pelos trilhos da alegria de viver como jovens equilibrados e saudáveis.

A mediunidade não é uma *miséria psicológica* ou um *transtorno de conduta*, conforme fizeram e ainda alguns especialistas fazem crer, que necessita de terapia psiquiátrica, a fim de anular-lhe as ocorrências.

Graças à orientação bondosa dos pais, à fraternidade vigente no lar, evitando-se criar maiores conflitos no jovem médium, consegue-se, com o apoio de todos tornar os fenômenos menos penosos.

Sem dúvida, nesse período da existência, as dívidas pretéritas ressumam vigorosas, e aqueles que ainda se sentem infelizes por haverem sido vítimas, acorrem pressurosos, na sua ignorância, em busca do desforço em relação ao inimigo ora reencarnado. Não veem a criança, mas sim o algoz que os infelicitou, embora o novo corpo no qual se encontra, descarregando os seus sentimentos inferiores e perversos, em forma de vindita infeliz.

O antídoto ao ódio é sempre o amor revestido de compreensão do sofrimento do próximo, ao tempo em que busca diminuir-lhe as consequências danosas.

Todos reencarnam, na Terra, a fim de progredir, liberando-se dos compromissos negativos do pretérito e estabelecendo novos roteiros de equilíbrio e de felicidade, de forma que o sublime educandário em que se encontra, faculte-lhes a visão correta em torno da vida, abençoando-lhes a existência com as lições de justiça, equidade, amor e compaixão, educando-se sempre para o melhor desempenho das atividades que lhes dizem respeito.

A faculdade mediúnica, portanto, no período infantil, é portadora de um alto significado no processo do restabelecimento da paz de todos os infratores, que poderão, passado

Constelação familiar

esse período, liberar-se dos fenômenos ostensivos, mantendo a percepção natural, sem transtornos nem aflições.

As experiências que ficam no inconsciente irão trabalhar-lhes a compreensão e a certeza da imortalidade da alma, melhor ensejando-lhes o crescimento íntimo em relação aos deveres para consigo mesmo, com o próximo e com Deus.

É expressivo o número de crianças-médiuns, pois que, a faculdade abençoada trabalha para a felicidade do Espírito, assim como as demais de que se encontram possuídos.

Podem manifestar-se, porém, os fenômenos em duas ordens distintas: aqueles que são perturbadores – mediunidade de prova – e aqueloutros naturais, que não geram desequilíbrios.

Quando não produzem distúrbios na conduta da criança, é que *"a sua natureza e a sua constituição se prestam a isso. O mesmo não acontece quando é provocada e sobre-excitada"*.[4] Essas crianças têm visões, ouvem, produzem efeitos físicos e tudo isso lhes parece perfeitamente natural, não lhes causando qualquer problema, cabendo aos familiares adultos a compreensão do fenômeno e sua consequente orientação.

Nunca olvidar-se, portanto, diante de fenômenos mediúnicos no lar, especialmente na infância, que somente o conhecimento do Espiritismo pode oferecer roteiros de segurança e orientação para o bom desempenho da faculdade.

---

4. *O Livro dos Médiuns*. Allan Kardec – Cap. 18, Item 221, 62ª edição, FEB (nota da autora espiritual).

19

TRANSTORNOS DE CONDUTA NA FAMÍLIA

Num aglomerado familiar, em face das conjunturas anteriores das existências no cadinho da evolução, não são poucas as questões que ficam pela estrada, aguardando solução.

Dentre algumas, vale a pena assinalar o transtorno de conduta por obsessão, que anatematiza muitos Espíritos no campo da reencarnação.

Porque não teve chance de volver ao mesmo proscênio para onde seguiu o seu algoz, a vítima de ontem, tresvariada, permanece em aflição, procurando um meio de alcançá-lo para o desforço infeliz, não se asserenando enquanto as Leis da Afinidade não a aproximam do seu antigo antagonista.

Ao invés da contribuição sublime do amor, infelizmente, ainda opta pelo convívio com o ódio, com a vingança doentia, em terrível alucinação que impede o discernimento racional das atitudes que devem ser tomadas, escorregando em processo obsessivo, tão cruel quanto foram as causas que o desencadearam.

O Espírito foi criado para a glória do amor. No entanto, os impulsos inferiores que lhe permanecem como atavismo perverso, predominando em a sua natureza espiritual, dificultam-lhe a ascensão, que somente é possível quando insculpe o sentimento de afeição no imo, ampliando depois a capacidade de evolução, mediante a aquisição do conhecimento intelectual.

Porque o amor impõe renúncia e abnegação, exigindo sacrifício e esforço pessoal, o ser humano quase sempre mantém uma preferência mórbida pelas reações negativas, doentias e egotistas, especialmente se comprazendo nessa conduta aqueles que perderam a direção de si mesmos, quando vitimados por pessoas ou circunstâncias afligentes, cujos sofrimentos, no entanto, poderiam transformar-se em bênçãos no processo de crescimento pessoal.

Desse modo, refugiando-se no seio da família que, de alguma forma, contribuiu para a sua tragédia anterior, o Espírito renasce com *matrizes* espirituais que facultam a injunção obsessiva, na qual resgata o delito e cresce moralmente, se bem souber conduzir o processo angustiante. No entanto, não é da Lei de Deus o padecimento pelo sofrer apenas, mas como oportunidade de refazer a experiência infeliz, acertando o passo com o equilíbrio e desenvolvendo os valores dignificantes que lhe dormem em latência.

Quando se trata de um transtorno obsessivo simples, o paciente possui lucidez para conduzir a problemática, poder administrá-la, ganhando em realização dignificante o que malbaratou em desalinho anterior. No entanto, quando o problema é mais grave, como no caso das obsessões por fascinação ou por subjugação, o enfermo não tem como trabalhar a angústia e as aflições nas quais estorcega, por falta de discernimento, necessitando do apoio familiar para recuperar-se.

Constelação familiar

É nesse capítulo que os pais não podem deixar de permanecer vigilantes, considerando que os filhos a eles confiados pela Divindade são tesouros que devem ser multiplicados, como na Parábola dos Talentos narrada por Jesus, em que aqueles que souberam aplicá-los, devolveram-nos multiplicados, enquanto que o avarento, preguiçoso e desconfiado servo, nada mais fez que enterrá-los, gerando a ira do seu amo que lhe reprochou o caráter venal.

Os filhos são, muitas vezes, mestres hábeis que ajudam os pais a galgar os degraus da evolução, através das lições do sofrimento que lhes aplicam ou por meio de doações de ternura com que os enriquecem.

Poder conduzi-los com sabedoria é o dever que não é lícito ser desconsiderado sob qualquer justificativa.

Observando-se o comportamento alienado do filho, após buscar o socorro da ciência médica, nunca olvidar a contribuição espiritual mediante o concurso dos passes, da água magnetizada, do carinho para com o enfermo encarnado e a compaixão dirigida ao perseguidor.

Esse sicário de agora traz as marcas do sofrimento de que foi vítima, cometendo o mesmo desatino que padeceu, quando deveria utilizar-se da lição de vida para ascender aos páramos da luz mediante o perdão.

Enquanto o Espírito não perdoa as ofensas de que foi objeto, não tem recursos para perdoar-se a si mesmo pelos disparates e erros que se permite. Sem lucidez para entender a fragilidade do próximo, guarda ressentimentos de forma consciente ou não das próprias defecções que se lhe transformam em tormentos atuais ou futuros.

O exercício, portanto, da compaixão, faculta, posteriormente, a presença do perdão na sua maneira nobre de olvidar o mal recebido, para somente recordar as dádivas de alegria coletadas durante a existência.

O obsidiado, que gera no lar situações de difícil contorno, é sempre muito infeliz e, por isso mesmo, encontra-se num estágio que o impede de compreender o que se passa à sua volta, tornando-se instrumento de aflições para toda a família. Não poucas vezes, a sua impertinência, pelo repetir-se continuamente, termina por cansar os familiares, produzindo reações de ira e de mágoa, de revolta e de ódio, que mais complicam o quadro doloroso.

A terapia mais eficaz, ao lado da prece, é a paciência de todos aqueles que são constrangidos a lidar com a sua enfermidade, envolvendo-o em ondas de paz, a fim de serem quebradas as algemas que o prendem ao vingador.

Os sentimentos negativos que são direcionados ao enfermo espiritual pioram-lhe o quadro, porque mais vitalizam o perturbador, que encontra campo vibratório favorável ao desforço que pretende realizar. Por outro lado, todos aqueles que participam do quadro afligente, de uma ou de outra forma estão vinculados à trama infeliz de que agora se recusam a resgatar.

Nas constelações familiares também renascem almas queridas que formam grupos saudáveis, felizes, porque têm como missão trabalhar em favor do progresso geral, fomentando o desenvolvimento intelecto-moral da coletividade. Sustentados pelos valores da afetividade doméstica, encontram forças para vencer as dificuldades naturais dos empreendimentos relevantes, construindo o bem e a felicidade em toda parte.

Nesses redutos consanguíneos estão Espíritos afins, consagrados pelo passado de ternura e compreensão, que recomeçam juntos para que se sustentem mutuamente no desempenho dos compromissos nos quais se irmanam.

Felicidade e sofrimento, desse modo, são frutos de semeadura individual, que se transforma em alegria ou dor coletivas, assinalando aqueles que se encontram envolvidos nas mesmas realizações.

A família é sempre uma bênção que Deus faculta ao Espírito em crescimento, auxiliando-o a treinar fraternidade e compreensão, de modo a preparar aquela de natureza universal.

Sendo a célula inicial da sociedade, quando está estruturada no bem-estar, todo o conjunto frui de alegrias e esperanças. Quando, porém, se apresenta enferma, é compreensível que o organismo geral padeça dificuldades de entendimento e de saúde coletiva.

Nos casos, portanto, de obsessão em família, filhos ou pais, irmãos ou membros outros do mesmo clã, desfrutam de oportunidade especial para a regularização dos gravames que estão aguardando a presença do amor, da caridade e da oração para o conveniente equilíbrio.

No lar santificam-se os sentimentos, mesmo nos períodos mais difíceis, quando se opta pela afeição ao invés da antipatia e da animosidade.

20

PROVAS E EXPIAÇÕES
NO LAR

Sendo o planeta terrestre um mundo ainda relativamente primitivo de *provas e expiações*, é natural que, na maioria dos grupamentos familiares, apresentem-se os sofrimentos de vária ordem, convidando a reflexões e ao trabalho de iluminação interior.

Como a reencarnação tem por finalidade o desenvolvimento dos valores que dormem inatos no Espírito, os equívocos e as mazelas que o acompanham como resultado das experiências infelizes do passado apresentam-se como necessitados de retificação, expressando-se na forma dos sofrimentos mais diversos.

Podem manifestar-se em caráter expiatório, através dos processos mais graves das enfermidades degenerativas, na surdez, na cegueira, na mudez, na paralisia, nos distúrbios mentais irreversíveis, ou em forma de provações de que se fazem instrumento as doenças infectocontagiosas, os acidentes, as dores morais, os distúrbios psicológicos, os transtornos de conduta, a solidão, os conflitos...

São poucas as famílias nas quais a dor não se apresenta convidando ao amadurecimento espiritual e à compreensão mais profunda a respeito da superior finalidade existencial.

Muitas pessoas supõem que a existência terrestre é uma encantadora viagem ao país da ilusão, uma experiência enriquecida somente de prazeres e de gozos, sem recordar-se da sua transitoriedade, dos fenômenos que a todos se apresentam, diluindo as fantasias e convocando à realidade.

Desse modo, o sofrimento é o amigo silencioso que se infiltra no Espírito, a fim de que ele se eduque ou se reeduque, desenvolvendo-lhe os latentes sentimentos do amor, da compaixão e da caridade, a fim de enriquecer-se dos tesouros inalienáveis que conduzirá após o decesso tumular. São esses recursos que constituem propriedade real, porque acompanham aqueles que os possuem, enquanto todos os outros ficam transformados em lembranças na memória de quem os utilizou, passando de mãos na Terra.

Constitui, portanto, dever dos pais, o esclarecimento aos filhos sobre as vicissitudes do caminho evolutivo.

As conversações edificantes em torno da Divina Justiça, dos compromissos morais que são assumidos pelos que se encontram reencarnados, as provas e os testemunhos que todos experimentam são de alta significação moral e espiritual para a saudável formação da personalidade da prole.

Demonstrar que essas ocorrências são perfeitamente normais, nunca se tratando de punições estabelecidas por Deus, que se comprazeria em ver sofrer aqueles que se encontram desequipados de valores para os procedimentos corretos, é dever inadiável.

Quando, por acaso, na constelação familiar exista algum exemplo de expiação, deve-se torná-lo preciosa lição de vida, não apenas para o padecente, mas para todos os membros, que se deverão unir, a fim de atenuar os sofrimentos daquele que se encontra necessitado de ajuda. Essa providência desenvolve em todos a coragem e o respeito à vida, eliminando temores e diluindo ilusões em torno da matéria, principalmente quanto à sua fragilidade.

Tal comportamento serve de lição viva para aqueles que fazem parte da família, compreendendo que a avezita tombada do ninho pelo infortúnio aparente encontra-se no hospital da solidariedade, no qual receberá apoio e compreensão, a fim de recuperar-se da melhor maneira possível, para os futuros voos que deverá alçar...

Não foi uma injunção casual que trouxe o ser amado com limites, tornando-o encarcerado numa prisão sem grades, mas acontecimentos que tiveram lugar em tempo próximo ou remoto, no qual os atuais familiares desempenharam papel importante. Ninguém renasce num grupo consanguíneo, em situação penosa, sem que existam razões preponderantes para o cometimento libertador.

Esse, que ora jaz no leito, em processo depurativo, liderou cometimentos infelizes, havendo atraído para a ação nefasta, essoutros que agora o recebem e devem auxiliá-lo na libertação.

Tudo se enquadra com perfeição nos processos iluminativos através das aflições.

Ninguém, portanto, que experimente qualquer tipo de dor sem uma causa anterior que o explique, que o justifique.

O lar, desse modo, é o santuário de união, no qual se retificam situações penosas e ações odientas.

Aquele familiar que, de certa forma, inspira animosidade, que se faz perverso, agressivo, em relação aos demais membros, solicita, sem o pedir, compaixão e misericórdia, por cuja aplicação os seus sentimentos doentios são minorados pelas vibrações emitidas pelos demais membros do clã. Em vez da revolta e do desejo de desforço, que muitas vezes desperta nos demais, a caridade deve ser a reação, como bálsamo para quem a oferece e bênção em favor daquele a quem é dirigida.

Não poucas vezes, sob expiações as famílias desagregam-se, quando mais deveriam estruturar-se, em face da ignorância espiritual que representam essas ocorrências, que dão lugar a ódios e lutas penosas entre os seus membros.

Sob outro aspecto, à medida que as provações ocorrem em muitos lares, a revolta se aninha nos corações e o desapontamento invade o pensamento daqueles que as experimentam, quando deveriam meditar em torno do fato, procurando entender-lhe a razão, para melhor enfrentar a situação perturbadora.

A família é reduto de trabalho coletivo, no qual todos têm o dever de ajudar-se. Quem se encontra melhor informado, mais facilidade dispõe para contribuir em favor do esclarecimento daquele que ignora.

O lar nem sempre se apresenta como um reino de júbilos, mas quase sempre como um campo de batalha no qual Espíritos litigantes, adversários de ontem ou amantes frustrados do passado, reencontram-se para as transformações emocionais que se fazem necessárias sob a inspiração do amor.

Constelação familiar

Filhos ingratos e calcetas são antigas vítimas do desequilíbrio dos pais atuais, que os recebem, a fim de santificarem o relacionamento pela paciência e pela afabilidade, compreendendo-lhes as ofensas e as rebeldias em que se comprazem. Isto, porém, não justifica que os mesmos sejam cobradores impenitentes, porque não estão isentos também de culpa e de gravames.

É por isso que a Lei da Caridade deve viger em todas as situações difíceis.

Quando não se sabe como agir em relação aos graves desafios do ódio e da agressão, que se pergunte à caridade qual o melhor procedimento a aplicar.

Com essa disposição, a família consegue desempenhar o papel de lar, de escola, de oficina, de hospital, de santuário, onde os Espíritos se recuperam, aprimorando o caráter e fortalecendo as energias para cometimentos ainda mais severos no futuro.

A conscientização dos filhos pelos pais devotados, em torno dos processos de dor e de angústia, de ocorrências infelizes e de insucessos de qualquer procedência, contribui valiosamente para a harmonia doméstica e a preparação das gerações novas em relação ao porvir.

Provas e expiações são programas estabelecidos pela Lei de Causa e de Efeito, para o progresso do Espírito, nunca se olvidando que o ser pequenino, assinalado por umas ou outras conjunturas penosas, é viajante antigo do carreiro evolutivo, agora em fase infantil, no rumo do futuro.

21

PRESENÇA DO EVANGELHO NO LAR

Como metodologia de educação familiar, o estudo do Evangelho de Jesus no lar constitui significativo recurso que contribui para o equilíbrio de todos os membros que constituem o clã.

Uma reunião semanal, quando se encontram todos os familiares para conversação edificante e salutar, discussão de problemas comuns e esclarecimento de dificuldades nos relacionamentos, enseja saudável oportunidade para o bom desenvolvimento ético-moral, dirimindo incompreensões e solucionando problemas.

Em clima de harmonia, distantes das emoções conflitivas, os pais e os filhos dialogam com maior naturalidade em conjunto com os demais membros da família, procurando os melhores caminhos para o entendimento e para a convivência feliz.

Esse hábito serve como elo entre todos que aprendem a respeitar-se e a discutir os problemas comuns, sem altercações coléricas, afinal, de importância fundamental para o grupo doméstico.

Escasseiam esses encontros no lar, em face da presença da televisão nos momentos das refeições, interferindo com programações perturbadoras, nas quais são exaltados os sentidos físicos e comentados os feitos trágicos do cotidiano, impedindo a convivência agradável e a utilização do ensejo para a alimentação em clima de paz e de saúde emocional.

Incontável número de enfermidades procede de desvios da mente, de injunções penosas do pensamento, de conflitos da emoção, que se refletem nos diferentes órgãos, dando lugar à presença de patologias diferenciadas e de difícil tratamento, se não erradicadas as suas causas.

Noutras ocasiões, em razão dos compromissos sociais e de trabalho, poucas vezes estão no mesmo horário os familiares, especialmente a partir da adolescência dos filhos, que passam a *fugir* aos encontros dos grupos, comunicando-se através de recados escritos ou verbais por intermédio dos funcionários domésticos.

Esse comportamento dificulta a aproximação das pessoas amadas entre si, ao mesmo tempo em que permite a instalação de diversos distúrbios nos filhos, sem que os pais tomem conhecimento, tendo em vista a pouca convivência e os encontros-relâmpago que se permitem.

Quando se informam de algo inquietador e danoso que está sucedendo com algum deles, os genitores são tomados de surpresa e de desencanto, sem dar-se conta que, de alguma forma, são responsáveis pela ocorrência, em razão do afastamento mantido, preocupados mais em ser fornecedores de recursos do que educadores pela convivência e pelo exemplo.

Constelação familiar

Se, além do encontro natural, for adicionada uma atividade espiritual inspirada no Evangelho de Jesus, muito mais saudável redundará a reunião, porque facultará renovação mental e emocional, diante da leitura dos textos, especialmente comentados pelos Espíritos e por Allan Kardec, ensejando mais ampla compreensão dos fenômenos existenciais e das finalidades da reencarnação.

Não se trata de um culto religioso formal, desinteressante e monótono. Mas de uma vivência rica de alegria e de aprendizagem, na qual todos tomam parte, cada qual contribuindo com uma quota de si mesmo: arrumando a mesa, dispondo os livros que serão consultados, formulando a oração, colocando o vasilhame com água, fazendo a leitura do texto assinalado ou sorteado, encarregando-se dos comentários, dedicando-se às vibrações orais, magnetizando a água e encerrando-a. Vez que outra, aplicando passes, quando necessários. Sem o caráter de um dever repetitivo e desagradável, deve tornar-se parte do programa de educação emocional e estrutural do grupo familiar.

Nesses momentos, os Espíritos nobres acercam-se da família, contribuindo com a sua inspiração, ajuda específica, intercâmbio de energias, dispondo de maior facilidade para melhor guiar aqueles que se dispõem a receber-lhes o concurso.

Sem dúvida, foi Jesus, o Educador por excelência, quem iniciou esse método, quando, na residência de Simão Pedro, ou noutra qualquer em que se hospedava, ou mesmo nas praias formosas de Cafarnaum, reunia os amigos e com eles falava a respeito dos planos em torno do *Reino dos Céus*.

Naquelas ocasiões, os comentários eram mais profundos e significativos, porque Ele esclarecia o grupo que estava sendo preparado para o prosseguimento das tarefas depois da sua ausência física...

Embora nem todos soubessem corresponder ao esperado, ficaram assinalados pelo conhecimento que conduziram para todo o sempre, redimindo-se posteriormente, quando se haviam comprometido.

Certamente, uma noite por semana, todos podem oferecer ao processo de autoiluminação, tendo em vista que não se trata de várias horas, mas de um período, relativamente breve, de meia hora mais ou menos. Seria ideal que, nessa ocasião, após a atividade, todos permanecessem no lar, evitando o tumulto dos outros momentos, e aproveitando as dúlcidas vibrações para refazer-se, renovar-se, reflexionar em torno da existência preciosa, adquirindo forças para os enfrentamentos inevitáveis.

Para tanto, seria muito útil que fosse estabelecido um horário em que a família toda pudesse fazer-se presente e que ficasse mantido, considerando que, em razão de os Espíritos superiores serem muito ocupados, de sua parte pudessem reservar aquele período para se fazerem presentes.

Essas reuniões transformam-se em verdadeiros recursos de psicoterapia de grupo, quando se pode abrir o coração e falar abertamente a respeito dos conflitos e das desconfianças, das dificuldades e dos sofrimentos internos, recebendo-se o apoio geral.

O silêncio em torno dos conflitos permite que mais se avultem, tornando-se gigantes imaginários e ameaçadores.

Nessas ocasiões, seriam analisadas situações conflitivas e liberadas mágoas, que se vão convertendo em resíduos perigosos nas tecelagens delicadas do perispírito, que as encaminhará ao corpo somático em forma de transtornos e de enfermidades evitáveis.

Todos se conheceriam melhor, entendendo as dificuldades de cada um e mais facilmente contribuindo para a fraternidade legítima.

Quanto mais os membros da família convivem em clima de respeito e de amizade, mais amplas se lhes tornam as facilidades de entendimento fraternal, predispondo-os à convivência saudável fora do lar, apesar da complexidade do grupo social e dos seus problemas muito variados.

A pessoa revestida de tolerância e de compaixão, porque passou a autoidentificar-se, torna-se mais compreensiva em relação ao próximo, vivendo em paz e solidarizando-se com todos quantos se permitam o intercâmbio.

Caso a formação religiosa ou cultural da família não permita o estudo do Evangelho, isso não impede que se busque, na sua crença, a mensagem dignificadora para sustentar a família e, caso não tenha qualquer tipo de crença espiritualista, poderá iniciar a convivência afetuosa no lar, utilizando-se dos textos ricos de sabedoria e de amor, na literatura, que possam constituir diretrizes de conduta e de harmonia pessoal. Entretanto, nas incomparáveis dissertações de Jesus, estão os mais belos conceitos filosóficos de que se tem notícia e as mais avançadas lições de dignificação humana e de aquisição e manutenção da saúde, que hoje culminam com a designação de amorterapia.

Quando Jesus é convidado a visitar uma família e é aí recebido, a felicidade entra nessa residência, conforme ele o disse a Zaqueu, que O recebeu no seu ninho doméstico, após descer da figueira onde se postou, a fim de vê-lO passar...

22

Orientação religiosa na família

Como elemento fundamental na educação, a orientação religiosa à família torna-se inadiável.

Cada vez mais se constatam os resultados benéficos da formação religiosa do indivíduo, especialmente quando despojada dos dogmas impositivos, das castrações puritanas, das exigências descabidas, das tintas do fanatismo de qualquer espécie.

O indivíduo que tem formação religiosa possui muito mais resistência em relação aos enfrentamentos morais, orgânicos, emocionais do que aquele que não a tem.

Neurocientistas e estudiosos do comportamento vêm constatando a excelência da fé religiosa no ser humano e conseguindo confirmá-la através de exames realizados com equipamentos ultrassensíveis, quais as tomografias computadorizadas com emissão de pósitrons, que registram as alterações dos ramos neurais do cérebro.

Quando se possui confiança em qualquer elemento, o cérebro envia mensagens propiciatórias à finalidade da crença, como ocorre nas terapêuticas através do uso de placebos ou nos fenômenos mais inquietantes ainda na área dos nocebos...

Aquele que acredita em algo, especialmente de natureza transcendental, afetiva, religiosa, melhor conduz-se durante ocorrências difíceis, na saúde ou nos relacionamentos, do que aqueles que não têm apoio para firmar-se na esperança, sendo facilmente destroçados pela amargura e pela desconfiança.

Cardiologistas cuidadosos afirmam, por exemplo, que o paciente que tem uma religião melhora mais facilmente de enfarte do miocárdio em relação àquele que não a tem.

A fé em Deus encontra-se inata no Espírito, que d'Ele procede, sendo a sua religião o resultado de fatores educativos no lar, psicossociais, defluentes das relações de interesses de vária ordem. Mas é sempre necessária, em face das alternâncias de humor e de saúde, durante a jornada carnal, que é sempre instável.

Essa orientação religiosa pertence aos pais que, desde cedo, deverão falar aos seus *rebentos* sobre a Paternidade Divina, a Sua Misericórdia e Amor, como fonte geradora de tudo quanto existe. De acordo com a linguagem apropriada e a capacidade intelectual dos genitores, o processo torna-se fácil e enternecedor. Sem necessidade de recorrer a mitologias ou fantasias exageradas; a conversação natural, edificante, explicando o significado da existência humana e os objetivos pelos quais todos se encontram na Terra, na condição de mãe generosa que é, irá auxiliar o desenvolvimento intelectual do educando, proporcionar-lhe segurança emocional, confiança em si mesmo e a certeza de que estará sempre sob a proteção de Deus.

Como é natural, os pais irão transmitir a doutrina religiosa à qual estão vinculados, apresentando o seu lado ético e nobre, as suas propostas libertadoras e gentis, evitando sempre apresentar os *mistérios* incompatíveis com a lógica e a razão, as arbitrárias punições divinas, as ameaças cruéis em relação àqueles que procedem mal, oferecendo a reflexão em torno da alegria que se deriva da fé, da esperança de felicidade, como resultado das incomparáveis contribuições do Amor inefável de Deus.

A criança absorverá o aprendizado, que deverá ser acompanhado pela real vivência dos ensinamentos por parte dos educadores, que demonstrarão quão valiosa é a crença, particularmente nos momentos de dificuldades, nas horas de sofrimento, que serão diminuídos pelo efeito da medicação religiosa.

Argumentam alguns educadores materialistas que se deve deixar a criança, nessa área, sem mensagens dessa natureza, a fim de que, mais tarde, quando adquiram o discernimento, elejam aquela que lhes pareça mais apropriada. Trata-se de lamentável sofisma, porque essa não é a conduta a respeito da alimentação, da saúde, da educação... Conscientes das responsabilidades em relação aos filhos, aos pais cumpre o dever de orientá-los em todos os misteres, sem dúvida, também na área religiosa, com a mesma naturalidade com que oferecem outras diretrizes educativas.

Quando, porém, a criança adquirir o discernimento referido, terá alguns elementos para comparar com os quais vai tomando conhecimento e melhor poderá eleger aquela conduta que lhe pareça mais compatível com as suas necessidades emocionais e intelectuais.

À medida que o comportamento religioso tem sido cediço e favorável ao profano, ao vulgar e promíscuo, mais aumenta o número de crianças e adolescentes portadores de distúrbios psicológicos, mais cresce a estatística de suicídios, de drogadição, por falta de um futuro promissor, na sua nublada visão, quando algo de desagradável lhes acontece, não tendo qualquer meta de segurança à frente.

Considerando a vida somente física, ou tendo a religião apenas como suporte teórico, a existência perde o significado profundo que advém do sentido da imortalidade, tornando-se supérfluos qualquer esforço ético, qualquer procedimento moral, quando, logo mais, tudo se interrompe em definitivo...

A orientação religiosa desperta o ser para mais grandiosas realizações, sustentando-lhe o ânimo nos momentos de desafio, dando brilho e cor aos dias nebulosos e cinzentos do desencanto.

A religião no lar estrutura-se essencialmente nas conversações de todo momento, nos estudos reservados, pelo menos, uma vez por semana, para a reunião da família, nos diálogos de emergência, quando sucedam acontecimentos deploráveis, enfim, no dia a dia.

A igreja ou assembleia que os pais frequentem dará prosseguimento à orientação de maneira mais profunda e especializada, porquanto essa é a sua finalidade primordial.

Será sempre no lar, porém, onde se caldeiam os sentimentos e se delineiam as programações para o futuro, que a orientação religiosa deve ser iniciada.

Oferecer ao educando a música espiritual da prece, o respeito à Divindade, a obediência às suas Leis refletidas em todas as coisas, a começar por si mesmo, alongando-se pelo próximo, pela Natureza, constitui uma valiosa contribuição para o desempenho dos deveres e para a vivência saudável em todos os cometimentos do presente como do futuro.

O hábito da oração, o que equivale dizer, a constância dos pensamentos elevados e construtivos, as conversações edificantes e as práticas das ações saudáveis, constituem todo um roteiro de religiosidade que não deve ser deixado à margem, sob qualquer alegação, sempre insustentável...

Quando o lar tem alicerces religiosos equilibrados, sem os fanatismos perturbantes nem o puritanismo hipócrita, suas estruturas gerais comportam todas as agressões e tormentas, conforme Jesus informou em torno da casa construída na rocha da fé, que suporta os ventos devastadores, permanecendo de pé.

Existe sempre o perigo, é certo, de derrapar-se na adoção de religiões agressivas e fanáticas, o que não justifica evitar-se a orientação espiritual.

Da mesma forma, há o fanatismo da não crença, da vulgaridade e da corrupção, que grassa voluptuoso devorando vidas incontáveis.

A presença de Deus na mente e no coração infantil, juvenil, adulto e no último estágio do corpo físico, é sempre uma bússola apontando o porto de segurança e de paz, que será alcançado oportunamente.

23

TURBULÊNCIAS FAMILIARES

Numa constelação familiar, os primeiros sinais de desajustes são os pequenos crimes em relação à lealdade que deve existir entre todos os seus membros.

A família não é apenas o grupo biológico residente sob o mesmo teto, mas a reunião de Espíritos que se exercitam na experiência da evolução, onde deve reinar a fraternidade, a fim de se ampliarem os sentimentos de amor no futuro em relação a toda a sociedade.

Compreensivelmente, na convivência sempre surgem os descontentamentos insignificantes, que se tornam mais graves quando não cuidados, na condição de fenômenos transitórios decorrentes das relações interpessoais, ensejando conversações maledicentes, que se ampliam em forma de acusações surdas e injustificáveis, culminando em traições ignóbeis...

As insatisfações sexuais, fruto da licenciosidade mental e física que viceja em toda parte e dos abusos das funções genésicas, externam-se inicialmente em discreta forma de antipatia pelo parceiro, masculino ou feminino, cultivando-se anseios impróprios que mais perturbam o discernimento em torno dos deveres graves.

Os próximos passos, em tais ocorrências, são as discussões desrespeitosas e as acusações destituídas de fundamentos, quando não ocorrem as agressões morais que avançam na direção daquelas de natureza física...

Agravam-se, então, as animosidades, e os sentimentos doentios assomam, elaborando planos perversos de vingança, que geram situações calamitosas como resultado dos caprichos infantis e do egoísmo exacerbado.

O amor, que um dia pareceu existir entre os parceiros, transforma-se em ressentimento, agravando a situação que poderia ser contornada mediante conversação fraternal e franca, compreensão e respeito pelo outro, a quem se vincula emocionalmente.

É nessa fase de desajuste e de fragilidade psicológica que surgem as brechas morais para crimes mais graves, entre os quais o abortamento hediondo, feito de maneira cruel e insensível. Muitas vezes, a mulher frustrada, não podendo descarregar a ira no homem que a enganou, direciona toda a sua mágoa no ser em formação, para não ter que carregar a herança da própria leviandade.

A partir desse momento, instala-se, no inconsciente profundo do ser revel, a culpa que emergirá em momento próprio com toda a caudal afligente de consequências nefastas.

Como efeito, o Espírito rejeitado, que iria desfrutar das bênçãos do corpo físico para a evolução moral, não compreendendo a ocorrência injustificável, toma a clava da Justiça nas mãos e passa a sitiar a casa mental do responsável pela sua morte, dando início a doloroso processo de obsessão pertinaz.

Algumas vezes, em razão de encontrar-se profundamente vinculado ao feto, ao ser expulso do corpo abruptamente, a alucinação que o toma durante o ato execrável adere psiquicamente ao endométrio, dando lugar a futuras formações de tumores uterinos portadores de sofrimentos inauditos.

O abortamento, com exceção daquele que tem por objetivo salvar a existência da gestante, é uma das heranças mais terríveis do primarismo de natureza moral que responde pelo atraso espiritual da sociedade.

Numa constelação familiar não existe lugar para ocorrência de tal monta.

Quando sucede uma fecundação não desejada, em razão de diversos fatores existentes, o Espírito que se encontra em processo de reencarnação deve ser recebido com carinho, porquanto está sendo beneficiado pela especial oportunidade de crescimento, por divina concessão que não pode ser desrespeitada.

Considerando-se a imensa variedade de recursos e técnicas impeditivos da fecundação, nunca se poderá justificar o abortamento criminoso, porquanto a Divindade providenciou através da Ciência preciosos recursos preventivos que devem ser usados sempre que se não desejem filhos...

Esse crime que, às vezes, permanece oculto na consciência daqueles que o praticam, pela sua ação morbífica termina influenciando negativamente a família, que mais se desestrutura, avançando no rumo do abismo da desagregação.

A cultura religiosa no lar produz o benéfico resultado de evitar os crimes ocultos, porquanto a religiosidade insculpida na mente e no sentimento da família trabalha em favor da conversação saudável, dos esclarecimentos diante das suspeitas e incompreensões, aclarando questões duvidosas e iluminando as sombras em instalação ou quaisquer outras interferências espirituais doentias.

Quando se instala no lar a atividade evangélica, acende-se a luz do esclarecimento racional que esbate toda a treva da ignorância, do preconceito, do erro, da perversidade... E surge a madrugada do amor, banhada pela luminosidade do entendimento fraterno, do respeito afetivo, da solidariedade digna...

No momento, portanto, em que surgem os primeiros conflitos nos relacionamentos domésticos, justo é buscar-se diluí-los antes que tomem proporções graves, difíceis de ser eliminadas.

A perda da confiança numa convivência é porta aberta a suspeitas de alto porte, muitas vezes desprovidas de fundamento, que respondem por graves consequências futuras na estrutura doméstica.

Cabe aos pais, nos momentos do encontro de estudos evangélicos no lar, trazer à baila, para análise e considerações, os temas perturbadores como o aborto, a eutanásia, a pena de morte, o suicídio, esclarecendo as mentes juvenis, ao lado de outros crimes acobertados pela sociedade, quais o denominado como de *colarinho branco*, de desvios de valores públicos, de subtração de impostos e outras falhas morais que recebem aplauso de alguns enfermos emocionais como válidos...

Justificando os erros graves praticados por algumas autoridades que têm o dever de zelar pelos bens públicos e optam pelos desvios, os que se justificam errando, estão cometendo equivalentes crimes que lhes pesarão na economia emocional e mental.

Muitos desses abomináveis delitos tornam-se legais nas sociedades primárias e injustas, nunca, porém, adquirirão valor moral, porque atentam contra o equilíbrio espiritual da Humanidade.

É fundamental que na família debata-se com franqueza a questão da liberdade, apresentando-se os seus limites, a fim de evitar-se que, em seu nome, cresça a libertinagem que ora predomina em muitos grupamentos sociais, gerando problemas graves de natureza emocional e psíquica entre as pessoas de estrutura psicológica mais frágil.

Educando-se a mente infantojuvenil no respeito à vida em todas as suas expressões, forjam-se mulheres e homens de bem para o futuro, capazes de servir a sociedade ao invés de explorá-la, de iluminar consciências ao oposto de obscurecê-las, e ensinando-lhes liberdade de pensamento, de palavra e de ação, com dignidade insofismável.

No lar, não existem temas inabordáveis que o amor não possa discutir e esclarecer dentro do nível de entendimento das pequeninas estrelas em expansão, que são os filhos.

Da mesma forma, não se devem manter condutas estranhas, desconcertantes, em referência aos demais, especialmente os genitores.

Censurar o pai ou a mãe, em conversação com o filho, é como desnudar-lhe a alma, a fim de apresentar as ulcerações morais que estão ocultas e que merecem todo o respeito. Quem não as tem?

É sempre perversa a exposição das alheias chagas nos relacionamentos sociais, que embora nem sempre saudáveis, se tornariam mais enfermiços e insustentáveis.

O lar é, portanto, um educandário, no qual os exemplos penetram mais do que as palavras ou coroam as vidas com os diamantes legítimos da verdade.

Os pais são, desse modo, espelhos que refletem a imagem da realidade que sempre servirá de orientação para os filhos.

Quando os alicerces da família começarem a ser abalados por outra razão, numa convivência psicológica madura, os parceiros têm o dever de fazer uma pausa no distanciamento que se insinua e buscar o caminho do meio, do diálogo honesto, do esforço pela recuperação da alegria no lar, da superação das dificuldades.

Portanto, toda insinuação para a aceitação dos pequenos delitos deve ser rebatida, desde o primeiro momento, não lhe permitindo espaço mental nem emocional para futura instalação.

Enquanto a família prosseguir em harmonia, a sociedade crescerá em paz e elevação.

24

DROGADIÇÃO NA FAMÍLIA

Compreensivelmente, no conjunto doméstico encontram-se Espíritos de variada conduta, procedentes de experiências diversas, nas quais houve a santificação pelo amor, assim como foram assumidos compromissos negativos que necessitam de reparação.

O renascimento em um ninho acolhedor, capaz de oferecer segurança aos mais fracos e dependentes, constitui uma bênção que necessita ser considerada com seriedade.

Nada obstante, porque remanescem no inconsciente profundo de cada um as marcas dos delitos que aprisionam os infratores, quase sempre esses Espíritos comprometidos retornam aos mesmos campos de ação negativa, apesar do socorro que recebem e da orientação que lhes é fornecida.

Mesmo nos lares equilibrados, onde o amor enriquece os sentimentos, encontram-se Espíritos atormentados interiormente, incapazes de lutar contra as más inclinações, que se fazem trânsfugas aos deveres que lhes dizem respeito, tombando nas armadilhas do erro, de que se deveriam libertar por completo.

Em virtude da larga e fácil propagação das drogas perversas, esses Espíritos quase sempre reincidem nos vícios a que se acostumaram, sem forças para superar as situações afligentes que lhes desencadeiam as falsas necessidades para as fugas doentias...

Muitas vezes, a iniciação tem lugar através do uso do tabaco, nas rodas de amigos jovens, ansiosos e frustrados, ou das libações alcoólicas de fins de semana, que se alargam em outros dias, gerando dependências infelizes.

Quase sempre, porém, as experiências nas drogas têm lugar nas escolas e nos clubes, na convivência com outros viciados que os iniciam, seja através da maconha, da cocaína, dos anabolizantes e de tantas outras substâncias aditivas.

Nas classes menos favorecidas economicamente, são a cola de sapateiro, o *crack* e outras drogas alucinógenas, que prometem fazê-los esquecer os sofrimentos da miséria, da solidão, da frustração, ou que lhes propiciam coragem alucinada, entusiasmo delirante, responsáveis pelas terríveis paisagens sombrias da loucura...

A vigilância dos pais, em relação aos filhos, especialmente na adolescência, quando surgem as mudanças impostas pelos hormônios sexuais, que dão lugar à agressividade, aos silêncios prolongados, à alienação familiar, à desconfiança, pode evitar os comprometimentos com as drogas, que se apresentam como falso recurso de equilíbrio para os enfrentamentos diários.

No começo, a experiência é resultado da curiosidade, ou da orientação de outrem mais astuto e dependente, ou de traficantes hábeis que se insinuam nos grupos jovens, através de outros viciados, convidando ao *baseado* ou a uma aspiração do pó... Não poucas vezes, o resultado é surpreendentemente desagradável, mas logo é superado pela sensação de euforia que surge na repetição, pela ação delirante da substância utilizada.

No que diz respeito às drogas injetáveis, a gravidade é muito maior, em razão das aplicações em grupos, que se utilizam de agulhas infectadas por várias doenças, especialmente pelo HIV, o temerário vírus da AIDS...

Nas denominadas *rodas de uso* desse tipo de drogadição, a disseminação do flagelo cruel é fácil e irremediável, consumindo vidas que se estiolam nas suas garras temíveis.

A observação dos pais às naturais mudanças de comportamento dos filhos no lar constatará o perigo do mergulho nos dédalos sombrios dos vícios de qualquer natureza, particularmente no das drogas químicas.

Tornou-se tão banal a drogadição, que ante a impossibilidade de controlá-la, como seria ideal, muitos administradores e cidadãos propõem como solução para o desaparecimento do tráfico danoso, a sua descriminação, que diminuiria a incidência dos homicídios hediondos praticados pelos grupos de exploradores.

Lamentavelmente, essa proposta, caso venha a ser aceita em qualquer lugar do mundo, transformar-se-á em calamidade pública, qual ocorre com as bebidas alcoólicas, os denominados jogos de azar, as corridas de cavalos e de outros animais, todos eles responsáveis igualmente por elevadas estatísticas de vítimas inermes e desesperadas.

A educação moral no lar é o recurso mais próprio para evitar-se a contaminação dessa pandemia – a drogadição –, ensejando segurança emocional e afetiva ao ser inquieto e inseguro no processo da sua reencarnação, trabalhando-lhe os tesouros morais que serão estimulados para a luta e para o equilíbrio.

As conversações sinceras, sem rodeios e com clareza, referindo-se às ocorrências do cotidiano, sempre apresentando as lições positivas de que se podem retirar, ensejam a manutenção da confiança dos filhos nos pais, que serão sempre consultados antes das atitudes infelizes, aconselhando-se, ou que serão informados dos insucessos que os afligem desde o começo, no claro-escuro das decisões...

Enquanto viger esse espírito de equilíbrio e de consideração recíproca entre genitores e descendentes, muito mais fácil se tornará o entendimento diante dos problemas desafiadores, como dos enfrentamentos que se fazem indispensáveis para o amadurecimento psicológico dos educandos.

Não será uma fiscalização defluente da desconfiança, da suspeita sem justificativa, mas um cuidadoso acompanhamento emocional e espiritual dos acontecimentos que afetam o grupo familiar, buscando-se sempre a solução da dificuldade, jamais a censura, a punição, a atitude puritana e superior de que muitos pais se utilizam para mais aprofundar as distâncias emocionais que se fazem durante esse período delicado.

Quando, no entanto, seja constatada a presença da insidiosa drogadição em algum dos membros da família, a postura dos pais deverá ser a de equilíbrio e não de espanto, de lucidez e não de autopunição ou de autocompaixão, mais se afeiçoando ao combalido e sustentando-o com a sua compreensão, trabalhando pela sua recuperação.

Concomitantemente, vale a aplicação da bioenergia, durante os estudos do Evangelho no lar, noutros momentos,

Constelação familiar

e, de acordo com a gravidade do problema, o atendimento psicológico, a fim de ser removido o fator propiciador da fuga emocional.

Há Espíritos muito comprometidos nessa área, alguns dos quais, em existência transata optaram pelo suicídio como recurso de libertação, ora retornando com altas cargas de desequilíbrio e tendências depressivas funestas, recorrendo aos mesmos instrumentos que os infelicitaram antes.

Necessitados de compreensão e de bondade, com o tempo transformam-se em lições vivas de coragem e de fé, tornando-se modelos para outros companheiros igualmente atraídos para esses hábitos inditosos.

O paciente, portanto, vítima de qualquer droga no lar, deve merecer a mesma consideração, evitando-se discriminá-lo, mediante acusações frontais ou disfarçadas, que mais o empurram para o abismo, por faltar-lhe o concurso da afetividade familiar.

Todos aqueles que formam o conjunto doméstico, de alguma forma encontram-se comprometidos uns com os outros, ou, pelo menos, com as Leis da Vida, que os reúnem para o processo de crescimento moral e espiritual, auxiliando-os na conquista dos inapreciáveis recursos da sabedoria no rumo da Imortalidade.

25

TRAGÉDIAS NO LAR

Vivendo-se em sociedade por impositivo da evolução inevitável, muitos fatores contribuem para a vivência de situações dolorosas que chegam inesperadamente.

Embora se procure viver em harmonia, edificando as bases do equilíbrio na família, o conjunto que a constitui encontra-se assinalado por experiências muito diversificadas, que contribuem para vivências especiais, ditosas umas, turbulentas outras, angustiantes algumas e felizes em menor escala...

Ocorre que todo crescimento espiritual e moral é feito de conquistas interiores intransferíveis e autorrealização pessoal.

A fim de ser alcançado esse objetivo, enfrentam-se dificuldades de todo porte, que fazem parte do processo normal da existência.

Ninguém, portanto, ou grupo algum, encontra-se isento de situações graves e de ocorrências muito dolorosas.

Em determinada situação, é o ódio que irrompe asselvajado num membro do lar, que se encontrava contido nos refolhos da alma, que então revive inconscientemente algum incidente que o gerou e, assomando, possui um dos seus membros, antes amado, gerando embaraço no comportamento da constelação doméstica.

Noutra condição, é um transtorno profundo na área do comportamento que se apresenta em forma de surto violento, que induz alguém à prática de um deslize moral no grupo doméstico, agravando-se com problemas de difícil solução, que terminam em fratricídio cruel, parricídio ou matricídio inditosos...

Algumas vezes, o distúrbio psicológico silencia a sua vítima e a arrebata inesperadamente através do suicídio covarde, deixando todos os membros da família em constrangedora amargura ou terrível perplexidade.

Reencontros espirituais assinalados por hábitos viciosos, que na família deveriam mudar de expressão, atormentam, de tal forma, que se manifestam como condutas doentias, dependências afetivas mórbidas, estupros odientos, convivência sexual nefasta...

Possivelmente, um dos membros do grupo, convivendo com marginais, une-se-lhes moralmente e passa a ter uma existência dupla, na condição de pessoa de bem em casa e criminosa nas rodas sociais que frequenta... Essa conduta resulta, não poucas vezes, em embaraços para a família, com a prisão do delinquente, que era desconhecido e nunca dera demonstrações de desequilíbrio dessa monta.

Também pode ocorrer que essa *ovelha negra* sempre se comportou de maneira incorreta no lar, gerando deploráveis momentos de atritos e de agressividade, optando pelo crime em vez da orientação equilibrada que lhe era oferecida, o que constituía motivo de sofrimento para os genitores e demais familiares...

Constelação familiar

As tragédias acontecem em toda parte, e algumas delas parecem inevitáveis em face da situação espiritual das criaturas humanas, muitas das quais preferem as situações embaraçosas e difíceis, ao comportamento tranquilo e correto.

Desse modo, ninguém se encontra indene de vivenciar momentos de tal gravidade, devendo-se estar vigilante em relação ao comportamento que deve ser mantido durante a sua ocorrência.

Os processos reencarnatórios têm como finalidade primordial proporcionar os valiosos recursos para o desenvolvimento espiritual de todas as criaturas.

O grupo familiar, desse modo, é o abençoado reduto onde se reúnem os Espíritos de diferentes procedências para o cometimento da evolução, de acordo com a necessidade de cada um, porém, em clima de fraternidade.

À semelhança do que ocorre na escola convencional, a diversidade de alunos com valores morais e culturais diferentes, embora selecionados por testes que os colocam no mesmo nível, à medida que o tempo transcorre desvelam as qualidades morais de que são portadores, assumindo a real característica resguardada pela personalidade...

Quando desaba a tragédia numa família que não se encontra preparada para o confrontamento, o tempo trabalha, quase sempre, negativamente, no grupo, dando lugar a suspeições de culpas que são transferidas de um para o outro, gerando situações ainda mais graves como consequência do distúrbio que não foi corretamente superado, conforme deveria ter sucedido.

Aparentemente, todos parecem assimilar o conflito, no entanto, porque não houve a sua conscientização clara e lógica através de diálogos e da convivência harmoniosa, cada qual, procurando *esquecer* o incidente, mas não o conseguindo, vai sendo corroído emocionalmente até o instante que altera o conceito em relação ao outro, no caso, o cônjuge, os irmãos, os filhos em relação aos pais e vice-versa, dando lugar a separações complicadas, a acusações surdas ou declaradas, a atitudes insanas de efeitos sempre danosos...

É comum acontecer, após graves desastres no lar, o afastamento do casal, que sempre transfere de um para o outro o que considera a culpa pela ocorrência infeliz.

De certa forma, trata-se de uma transferência psicológica da própria insegurança, a fim de poder enfrentar-se interiormente, de prosseguir em aparente paz...

A família deve sempre fortalecer os laços da afeição, estreitando o relacionamento como preparação para os momentos difíceis que sempre acontecem, exigindo a cooperação de todos, os diálogos francos e o interesse pelo bem-estar geral, mantendo-se equilibrada.

Quando se mascaram comportamentos no lar, cedo ou tarde complicam-se os relacionamentos que perdem o significado, confundindo a sua vítima e ensejando-lhe mentalmente fantasias de felicidade e de união agradável fora das fronteiras domésticas...

Surgem pessoas *ideais* nesses momentos, apresentam-se oportunidades *especiais* promovendo utopias fascinantes que atraem os incautos e os empurram para problemas mais graves do que aqueles dos quais desejam fugir. Isto porque, ninguém pode evadir-se da sua própria realidade, nem daquilo que lhe está programado como necessidade de iluminação.

Esses sonhos agradáveis e fantasistas de novas experiências, de convivências diferentes que se apresentam ricas de ternura, de encantamento, de beleza, assim estão porque desconhecidos os seus problemas, os seus projetos e o seu estágio real de natureza moral. Por consequência, os desertores do lar difícil, que buscam paraísos enganosos, passado algum tempo descobrem as armadilhas em que tombaram, angustiando-se, mais ainda, vencidos uns pelo arrependimento, outros pela revolta que os domina e, outros mais, pelo tempo desperdiçado e os novos danos que se apresentam.

A família é, portanto, o lugar seguro onde os Espíritos se encontram para o crescimento moral, devendo sempre ser fortalecida em qualquer circunstância, a fim de que desempenhe a tarefa elevada a que está destinada.

Por ocasião de qualquer ocorrência trágica, mais do que nunca, os membros da constelação familiar se devem apoio mútuo, entendimento recíproco, tendo em vista que alguns deles são mais frágeis emocionalmente em relação aos outros que melhor resistem aos denominados *golpes do destino.*

A contribuição religiosa, nesse momento, é fundamental, porque enseja a busca do Senhor da Vida mediante a oração, a meditação, o estudo do Evangelho, os diálogos fraternos à luz dos ensinamentos de Jesus, assim se haurindo forças para superar a tempestade e alcançar o novo período de calmaria e de equilíbrio.

As tragédias no lar são ocorrências muito sérias para a definição de rumos dos membros que lhes padecem a ação.

Conforme sejam enfrentadas, desenharão os novos rumos para as tragédias do quotidiano em toda parte, não se permitindo abater nem desesperar, compreendendo que fazem parte do mecanismo social, da depuração da Humanidade e do impositivo de crescimento pessoal na direção de Deus.

26

DESENCARNAÇÃO NA FAMÍLIA

A fatalidade biológica *nascer, viver e morrer* é impositivo inevitável na existência humana, que não pode ser desconsiderada.

Constituída a organização física por moléculas que se aglutinam para revestir o Espírito no seu processo de crescimento e de iluminação interior, momento chega em que se desarticulam esses complexos, dando lugar ao fenômeno da desencarnação.

Repentinamente, ou de maneira suave, através de ocorrência infausta, ou de processo degenerativo, graças a fatores de desarticulação orgânica, ou envelhecimento com o seu correspondente desgaste, a desencarnação faz parte da vida física.

De maneira caprichosa, arrebata o jovem, deixando o ancião, conduz o saudável em benefício do enfermo, surpreende a todos na eleição daquele que deve transferir para a dimensão espiritual, dando prosseguimento ao seu ministério, nem sempre compreendido.

Produzindo dores acerbas, conflitos de conduta, sofrimentos rápidos ou de demorado porte, ela transita por toda parte, convocando as mentes e os sentimentos a acuradas reflexões.

Quando se adentra em um lar, sempre deixa rastros de angústias ou de alívio, sinais de desencanto ou de perturbação, que se podem converter em alucinações e desaires.

A morte ou desencarnação faz parte do esquema da vida física.

Indispensável que, na programação educacional da família, seja estudada com a mesma consideração com que se examinam as demais questões tidas como de fundamental importância.

O medo da morte, que resulta de um atavismo ancestral em favor da preservação da vida orgânica, merece tratamento natural que elucide a questão dentro dos parâmetros do comportamento saudável.

Participando das conversações domésticas desde os primeiros dias da infância, o educando passa a considerá-la na sua devida função, como um fenômeno de interrupção fisiológica, mas não de consumpção real.

Pelo contrário, muitos pais preferem, no entanto, jamais abordar essa realidade com os filhos, como se com essa atitude estivessem impedindo a sua presença no momento oportuno.

A cada momento ocorrem no corpo físico alterações profundas e manifestações pertinentes ao fenômeno final, quando esse venha a acontecer.

Desse modo, fazendo parte do plano de considerações naturais, a desencarnação deixa de ser um fantasma trágico, sempre à espreita para destruir a felicidade do grupo familiar, para tornar-se um instrumento de transitória

Constelação familiar

separação, em função de uma união perene, quando todos voltarem a encontrar-se além das vibrações materiais.

A consciência da imortalidade deve estar presente nas conversações, nos comportamentos domésticos, nos encontros sociais como parte vital dos relacionamentos humanos, demitizando-a, dessa maneira, das tradições da ignorância e da superstição.

O mundo de origem do ser é o espiritual, para onde se retorna após o compromisso na esfera física, que lhe constitui oportunidade para desenvolver os inimagináveis recursos que lhe dormem em latência.

Escoimar das fantasias lúgubres, dos fetiches mirabolantes e dos rituais sem qualquer significado o fenômeno da morte, é tarefa de essencial importância no programa educacional na família e na escola.

Adquirida a certeza da continuação da vida após o túmulo, a morte perde a sua força destrutiva, para assumir uma postura saudável na constelação familiar.

Ao desencarnar alguém no lar, o respeito que envolve o ato das despedidas, a ternura pelo viajor que retorna à Vida maior, a gratidão pelos momentos felizes experimentados ao seu lado tomam corpo natural em formosos exemplos de afeto que perdurarão para sempre.

Nem as interrogações tormentosas a respeito da ocorrência, tampouco os brados de revolta e desespero, como se a ocorrência fosse uma exceção no conjunto geral, atingindo apenas alguns em detrimento de outros, ante a compreensão de que a interrupção temporária faz parte do programa de evolução, com o qual todos se encontram comprometidos.

Esse comportamento evitará, sem dúvida, a instalação de diversos conflitos no sistema emocional do educando,

Divaldo Franco / Joanna de Ângelis

preparando-o também para o seu momento, que ocorrerá quando as Soberanas Leis estabeleçam a conclusão da sua vilegiatura corporal.

Fobias e angústias, inseguranças e mágoas que sempre acompanham a morte de um ser querido, em face da compreensão do seu significado, não se instalarão nas delicadas tecelagens da estrutura psicológica do ser em formação, mantendo excelente padrão de saúde emocional.

Herdeiro de arquétipos mitológicos que lhe remanescem no inconsciente profundo, o infante desinformado sobre a desencarnação, quando a defronta, libera imagens perturbadoras e fantasmagóricas dos contos de fadas e de deuses, bons e maus, que passam a interagir na conduta, gerando distúrbios depressivos, de ansiedade, ou empurrando para situações penosas mediante as fugas espetaculares da realidade.

O conhecimento da sobrevivência espiritual é de alta importância para a estruturação familiar, por demonstrar que os vínculos biológicos que unem os membros do clã podem ser, no momento, uma experiência inicial em favor da afetividade, porquanto os Espíritos procedem de outros grupos, num círculo de aprendizagens necessárias para a construção da harmonia geral.

Com essa lucidez, os pais e educadores envolverão os educandos em programas bem elaborados, que não se restringem exclusivamente aos interesses imediatos da vida física, tendo extensão mediata em relação à Espiritualidade, de onde se procede e para onde se retorna.

Nesses colóquios que devem constituir parte da convivência doméstica, os valores ético-morais devem ser trazidos à baila, porquanto são fundamentais para a continuação da experiência evolutiva além do corpo.

Assim comportando-se, educadores e educandos, dialogando com naturalidade sobre as finalidades existenciais, os dissabores, as lutas, os testemunhos que a todos alcançam, compreendem o seu significado e nunca se permitem o abatimento ou o desânimo ante as injunções mais afligentes.

Sempre haverá uma expectativa de melhores dias, quando as tempestades desabarem sobre a família, em razão dos compromissos espirituais que a todos vincula, ensejando a participação nas lutas, assim como nas bênçãos, quando se apresentarem.

Desmascarar a ilusão da perenidade do corpo, demonstrar a maravilha que é despojar-se dele, quando já não possa contribuir em favor de uma existência enriquecedora, superar o medo do *desconhecido país da imortalidade*, aprendendo a comunicar-se com aqueles que o hajam precedido no grande retorno, são formosos compromissos que devem ser mantidos no ninho doméstico.

A vida é inextinguível, embora se desenvolvendo por etapas no corpo e fora dele, é sempre real e vitoriosa à morte ou a outro qualquer fenômeno.

27

INTEGRAÇÃO NA FAMÍLIA

Hoje, a família é considerada "um conglomerado de pessoas pertencentes a um grupo consanguíneo", encontrando-se a maioria delas em desconserto, padecendo atrozes conflitos e vigorosa desestruturação.

Distantes, pais e filhos vivem as próprias experiências no cenário existencial, sem a comunicação interpessoal que seria indispensável para o entendimento das questões a todos pertinentes e dos desafios que se multiplicam variados.

A perda da identidade afetuosa afasta os membros que a constituem, preservando os interesses egoístas, aos quais, cada qual mais se apega, em luta renhida entre os diversos membros, sempre disputando a sua fatia mais lucrativa.

Quando crianças, muitas vezes, os filhos recebem orientação destituída de emoção, porque através de pessoas remuneradas, sem vínculos de amor com as mesmas, excetuando-se os casos raros, em que se desincumbem do dever de instruir, raramente de educar, em razão dos conflitos que também as aturdem.

Grande número de genitores, mais preocupados com as profissões, com o sucesso na carreira a que se vinculam, usa o matrimônio como forma de projeção social, em cuja realização foram examinados os interesses patrimoniais e de situação na sociedade, usando o sexo como instrumento de afirmação da personalidade e de manutenção das aparências, sem qualquer compromisso de afeto. Invariavelmente, a união é resultado de impulsos malcontidos, ou apenas legalização de uma convivência que se prolonga no tempo, sem participação dos sentimentos da verdadeira afinidade emocional defluente do amor.

Os filhos, quase sempre programados, como fazendo parte da organização familiar, tornam-se adornos para exibição aos amigos ou garantia para o bom e egoístico direcionamento das heranças materiais, quando a morte arrebatar os genitores, preparados ou não para o Grande Além.

É claro que existem exceções dignas de mérito. Nada obstante, é o conceito vigente entre muitos parceiros que se entregam à busca do triunfo pessoal na sociedade, mesmo que lhes custe sacrifícios emocionais e a perda da sensibilidade para o grave cometimento do amor.

Confundindo sexo com afeto, a convivência tem a duração da novidade em parceria, logo tombando no tédio, no desinteresse, e mudando de comportamento pela variação de nova companhia, em tormentosa procura de preenchimento do vazio existencial, em solidão acabrunhadora, embora as multidões e os bajuladores que os cercam, caso sejam ricos e poderosos.

Desintegrada, a pouco e pouco, a família vem perdendo as características de santuário, de escola, de oficina moral de aprimoramento, para transformar-se em palco de aflições e disparates sem nome, resultando, diversas vezes, em tragédias dolorosas, em face da insensatez dos seus membros.

Não faltam, no entanto, contribuições valiosas da Sociologia, da Psicologia, da Pedagogia em favor da família como unidade básica para a sociedade, que também cambaleia, em alucinação sem controle, como efeito inevitável da sua desorganização.

Essas doutrinas oferecem os valores morais e espirituais como os únicos portadores de recursos para o tecido de reintegração do grupo familiar no concerto da nova Humanidade.

A Ética e a Moral não são atemporais ou pertencentes a este ou àquele período da sociedade; são de todos os tempos, porque retemperam o ser, disciplinando-lhe os impulsos animais e orientando-o nos sentimentos que procedem da razão e da consciência.

Quando sofrem influências degenerativas, sejam por quais motivos se apresentem, tornam-se inevitáveis as consequências danosas da situação perturbadora.

Na sua condição de animal social, o ser humano não prescinde da disciplina que lhe norteia os passos no rumo da evolução, retirando-lhe as sucessivas camadas de primarismo resultantes do trânsito nas faixas iniciais do processo evolutivo.

Periodicamente a sociedade sofre a injunção penosa de processos perversos de destruição dos comportamentos éticos, que têm fundamento no respeito a si mesmo, ao próximo, à vida... Essa conduta produz danos incalculáveis ao desenvolvimento intelecto-moral dos indivíduos, assim como dos grupos sociais a que pertencem.

Essas ocorrências nefárias têm sido frutos apodrecidos do fanatismo religioso, das doutrinas materialistas, das guerras hediondas, das ambições desmedidas de alguns

Divaldo Franco / Joanna de Ângelis

governantes cruéis, que aconteceram no passado e retornam no presente. É lamentável o propósito mesquinho e retrógrado de determinados fanáticos, personalidades enfermas que são e que se utilizam da religião para impor seus tormentos, estabelecendo métodos coercitivos contra o progresso e exigindo condutas medievais, absurdas, com indisfarçável perseguição à mulher, em face dos conflitos que os desgastam interiormente, para elas transferindo a responsabilidade. Psicóticos inegáveis, realizam-se castigando a cultura que detestam e os desmascara, mantendo a ignorância total em torno das relevantes conquistas contemporâneas, assim sentindo-se realizados, por serem cegos e ignorantes portadores de condutas sadomasoquistas...

Em tais situações, a família é empurrada para o atraso, para condutas deploráveis de sujeição à barbárie que lhe impõem os sicários da renovação moral e social da Humanidade.

Noutras vezes, a revolta, ante o estatuído injusto, dá lugar a um revanchismo emocional que desborda no total abandono das regras do bem viver, em tentativas de viver-se bem, da maneira mais condizente com o nível de sensações em que os indivíduos permanecem.

A História é a grande depositária das experiências e vivências dos tempos e das nações transatos, oferecendo material valioso para que sejam evitados novos comprometimentos perturbadores.

Poucos estudiosos do comportamento, porém, interessam-se por avaliar os efeitos do passado, a fim de melhor encontrarem soluções para as realizações do futuro. Se o fizessem, constatariam que não pode haver progresso real sem o compromisso firmado com a Ética e a Moral

Constelação familiar

que alimentam a Sociologia e vitalizam as doutrinas psicológicas que trabalham pelo bem-estar do indivíduo e, por extensão, da coletividade.

Nenhum grupo social consegue o êxito dos seus empreendimentos, se não firmar-se em compromissos de dignificação e solidariedade, de respeito e cumprimento dos deveres, alicerces que são para edificações felizes no seio da Humanidade.

A integração, portanto, da família, em programas edificantes de reflexão e de trabalho digno, constitui o grande desafio do momento para educadores e formadores de opinião, interessados em melhorar a situação emocional e psíquica, física e econômica dos seres humanos, ameaçados, eles mesmos, pelos efeitos da alucinação que se têm permitido.

A educação espírita na família destrava as dificuldades existentes, por facultar o entendimento das leis que regem a vida e dos mecanismos em que a mesma se estrutura, despertando os sentimentos humanos para a perfeita identificação da criatura com o Criador e das responsabilidades que existem entre todos em relação uns aos outros e à própria vida.

28

A FAMÍLIA EM PLENITUDE

Este especial tesouro que é a constelação familiar alcança a plenitude após a longa travessia existencial, quando, a partir do primeiro encontro, os dois Espíritos que se resolvem pela edificação do grupo consanguíneo unem-se através dos laços vigorosos do amor.

Legalizando a união por meio do matrimônio, a responsabilidade moral se estrutura no respeito e na dedicação que vigem entre os parceiros do relevante compromisso.

Conscientes da gravidade do labor a que entregam a existência, lentamente descobrem a grandeza da arte e ciência de amar, enfrentando todas as dificuldades e desafios que se encontram pela frente.

Estabelecendo metas que se multiplicam e se abrem em perspectivas sempre mais amplas, a aventura da união proporciona-lhes o desenvolvimento intelecto-moral que lhes serve de bússola para a futura plenitude a que aspiram.

Desde o momento, quando a união física enseja o surgimento da prole, que as aspirações pessoais alteram a própria programação para ser dirigida, a partir de agora, em favor dos outros Espíritos que lhes são confiados temporariamente, na condição de empréstimos divinos de que darão conta, depois de concluído o ministério de atendimento às suas necessidades evolutivas.

Durante a trajetória existencial, passando pelos embates inevitáveis do processo de educação e de reeducação, consolidam-se os sentimentos da afetividade e do dever, trabalhando a consciência que amplia a capacidade de discernimento em relação à vida e aos compromissos defluentes do conhecimento espiritual que lhes comanda a marcha.

Todo o empenho aplicado, não poucas vezes transformado em sacrifício e renúncia pessoal, se expressa nos grandiosos e eloquentes silêncios e sofrimentos bem recebidos, de forma que a prole se desenvolva sem as marcas conflitivas da instabilidade emocional dos pais ou das circunstâncias menos felizes do grupo social, particularmente na estrutura familiar.

Na larga trajetória de convivência com os filhinhos dependentes e os adultos, sejam ancestrais ou contemporâneos do grupo doméstico, desenvolve-se o amadurecimento psicológico nas relações que se devem transformar em estímulos para o futuro, como reparação do passado perturbador, objetivando-se o equilíbrio e a iluminação espiritual de todos quantos fazem parte da estrutura doméstica.

Nessa organização, em que os Espíritos se reúnem, algumas vezes repetindo experiências anteriores malogradas, em que ressumam os sentimentos doentios e as emoções superiores, num calidoscópio de provas e testemunhos, manifestam-se as oportunidades de renovação moral e elevação mental para serem colhidos os resultados do amor pleno.

Constelação familiar

Comandando os acontecimentos que se apresentam dentro de uma programação bem elaborada, ou que surgem de improviso, os dois parceiros responsáveis pela constelação familiar são os colhedores das realizações passadas e, ao mesmo tempo, os semeadores do porvir em constante atividade de autoiluminação.

No elenco das complexas ocorrências, umas esperadas, outras não, desenham-se as possibilidades para ser alcançado o êxito, mas também as perturbações e os problemas ameaçadores que podem levar ao insucesso, gerando situações de difícil solução, que, às vezes, se convertem em desastres espirituais de graves consequências morais e sociais para o grupo.

Por isso, repetimos, a família é a célula mater do organismo social, sendo responsável pelas ocorrências grupais na Humanidade.

Tudo quanto acontece no lar reflete-se no conjunto externo da comunidade, nunca se podendo dissociar os reflexos domésticos na sociedade que lhe é a consequência global.

Sob esse aspecto, a educação exerce papel preponderante, porquanto tudo que decorre do convívio familiar, sem dúvida, será sempre resultado dos procedimentos disciplinadores dos atavismos prejudiciais e das tendências que remanescem das existências pretéritas.

Educar-se, para melhor educar, é o lema a ser adotado por todas as criaturas no seu processo de conscientização das responsabilidades que lhes dizem respeito durante a existência carnal.

Como efeito, o corpo não deve ser considerado um instrumento para o prazer, um acontecimento insólito no conjunto dos fenômenos existenciais, mas um divino recurso para o crescimento espiritual, superando as fixações defluentes do processo antropológico, que transfere de uma para outra expressão biológica as marcas que lhe caracterizam cada fase.

Transformá-lo em verdadeiro santuário de bênçãos pelo uso que se lhe dê, é compromisso impostergável que todos assumem antes do renascimento na Terra, a especial escola de evolução.

Aprimorá-lo, mediante a preservação correta das suas funções, evitando criar-lhe novos condicionamentos negativos e danosos, utilizando-o com o fim de enobrecer os relacionamentos sociais e morais, torna-se o programa de sublimação interior de cada Espírito comprometido com a transcendência a que aspira.

No lar, sem dúvida, multiplicam-se as lições credenciadoras para a aplicação do conhecimento e do sentimento voltados para o bem geral, em detrimento, em certas circunstâncias, do prazer pessoal, que sempre virá depois da decisão de servir e impulsionar para diante aqueles com os quais se convive.

Todo esse processo de edificação pessoal renovador, que diz respeito aos parceiros, é impositivo existencial, parte fundamental do programa de iluminação da consciência e de vitalização dos anseios íntimos dos sentimentos enobrecidos.

À medida, portanto, que a prole cresce e adquire as próprias experiências, firmando-se no contexto social, a família penetra na fase de plenitude, se o resultado do labor desenvolvido expressar-se em equilíbrio e saúde real daqueles que avançarão por si mesmos no rumo do progresso.

Constelação familiar

Em caso contrário, a família pode ser considerada enferma, necessitando de terapêutica urgente, antes que as consequências da irresponsabilidade dos pais se transformem em prejuízo e desorganização no conjunto social.

O êxito não deve ser considerado como a soma dos resultados felizes em totalidade, porquanto, muitos Espíritos renascem em famílias equilibradas com finalidades expiatórias, permanecendo em situação afligente, sem que isso constitua fracasso do grupo doméstico. Antes, pelo contrário, a sustentação do enfermo espiritual, cercado por bondade e por amor, igualmente significa plenitude do programa estabelecido.

Assim sendo, não se pode descartar a ausência de uma conduta espiritual no lar, de um nobre comportamento religioso, sem fanatismo, libertador, tolerante, entre os seus diversos membros, que sempre terão a quê recorrer, quando nos momentos difíceis ou nas situações penosas da vida terrestre.

Atingindo, desse modo, a situação de harmonia e de entrega dos filhos à sociedade, a família, alcançando a plenitude, torna-se modelo que servirá de estímulo para outros grupos humanos que se atormentam nas lutas diárias do lar, explodindo nos conflitos sociais das ruas e das comunidades por falta da harmonia que a educação moral e intelectual bem conduzida consegue realizar.

Bem-aventurado o arquipélago familiar onde Deus reúne os Espíritos para a construção do amor universal, partindo do grupo consanguíneo, no qual predominam os impositivos da carne, para a expansão da solidariedade, do respeito, da harmonia e da verdadeira fraternidade entre todos os seres humanos!

29

A FAMÍLIA HODIERNA

Tendo em vista os avanços da Ciência e da Tecnologia, ao lado das contínuas revoluções sociopsicológicas, a família hodierna está buscando parâmetros de equilíbrio para sobreviver aos fenômenos do caos de natureza moral que se alastra por toda parte, em tentativas infrutíferas de extingui-la...

Confundindo libertinagem com liberdade e agressão com renovação, muitos indivíduos vêm-se tornando ícones da infância e da juventude, que desconsideram, em referência à formação moral, propondo todo tipo de concessão, sem levar em conta os fatores psicológicos de entendimento e de responsabilidade que neles vigem, em torno dos comportamentos e realizações.

Dominados pela euforia do prazer, tornam-se anarquistas, pugnando pelas atitudes desrespeitosas, por considerarem as linhas de equilíbrio como heranças do passado castrador, manutenção do caráter perverso dos educadores, pais e mestres, dos dias idos, dando lugar a uma sistemática rebeldia dos educandos, toda vez que são convidados ao dever e à ordem.

Transformando os pais em meros mantenedores econômicos da família, tiram-lhes a autoridade moral, gerando o falso conceito de liberdade plena e autossatisfação contínua, assim desenvolvendo o conceito doentio de direitos sem correspondentes deveres.

Por sua vez, muitos pais, desejosos de fugir às responsabilidades que os filhos impõem naturalmente, adotam o mesmo estilo de conduta, deixando de educá-los, sob a alegação da necessidade de não os oprimir, porque não sabem colocar limites entre o que é possível ceder e deve ser concedido, em relação ao que devem, mas não podem, ou podem, mas não devem oferecer...

Esse mecanismo faculta-lhes a permissividade que o educando não tem condições de absorver, naufragando, desde cedo, nos abusos de toda ordem, com prejuízo da futura realização moral, social, profissional e doméstica, ao se tornar genitor...

Graças à fácil comunicação virtual, libertam-se das preocupações educativas, dos diálogos saudáveis e dignificadores, da convivência pessoal, oferecendo aos filhos os computadores, para que logo se preparem para a complexa ciência e arte correspondente, sem os orientar a respeito dos graves perigos da pedofilia, dos vícios em geral, dos comportamentos esdrúxulos e doentios, da convivência com personalidades psicopatas que lhes influenciam o comportamento, atirando-os na voragem da insensatez. Simultaneamente, os diversos jogos a que os jovens se entregam, sem discernimento moral, os contatos prolongados com outros aficionados, perturbam-lhes o equilíbrio emocional e retiram-nos da convivência pessoal, humana, para poderem dar largas aos sentimentos mórbidos, que não exterioriza-riam em outra circunstância.

Grassam, então, o desrespeito total, a falta de respon-sabilidade perante a vida, que se lhes apresenta conforme os programas que consultam e de que se tornam membros nas *salas* de convivência, deturpando, por completo, os concei-tos em torno da existência, da sua finalidade, das imposi-ções que lhes dizem respeito.

É claro que, nesse processo sociológico da evolução, a família vem-se modificando, buscando estruturar-se em processos de nobreza moral, de respeito dos pais pelos filhos e reciprocamente, assim como de maior intimidade entre todos, no que resultam valores de afetividade mais profun-da, sem necessidade de qualquer recurso punitivo, quando se erra, ou compensatório, quando se acerta.

A visão moderna da família é de uma constelação cin-tilante, em que o amor é a fonte geradora da energia que sustenta todos os membros em torno do núcleo, que são os pais, responsáveis pela sua manutenção, condução, desen-volvimento e equilíbrio saudável.

Sem o protecionismo ou excesso de cuidados e preo-cupações, mas também sem a indiferença pelo destino da prole, entregue a si mesma ou a funcionários remunerados, a família vive momento muito grave, em face das alterações conceituais dos valores ético-morais, especialmente no que diz respeito ao comportamento sexual, aos divertimentos e gozos, aos estudos e programas educacionais.

A organização da família perde-se nos recuados dias do período pré-agrário, quando o grupo se reunia buscan-do proteção contra os adversários naturais: as feras, outros indivíduos, as intempéries, os fenômenos sísmicos... Logo depois, surgiu a finalidade, na Grécia antiga, de reunir-se o grupo em torno do *fogo sagrado,* a fim de perpetuar-se a memória dos antepassados, iniciando-se o culto religioso, em que o homem exercia papel primordial.

À mulher, considerada de valor secundário, era reservada a preservação do fogo, os cuidados com a prole, com os deveres domésticos.

Naquele início, a família não eram somente os portadores da mesma consanguinidade, mas o grupo social que se unia por impositivo das necessidades de todos os membros. Naturalmente, com o surgimento da prole e o despertar para os deveres naturais, a família passou a ser aquela que descendia do tronco central, preservando as heranças ancestrais e trabalhando os recursos da sobrevivência. Isso gerou certo egoísmo em torno do clã em detrimento da sociedade como um todo, que ainda remanesce de alguma forma.

Com a inevitável evolução cultural e moral, foram-se modificando as estruturas da família, experimentando, no período medieval, imposições religiosas doentias que muito a prejudicaram no que diz respeito à sua constituição espiritual. É certo, como afirma *O Evangelho segundo o Espiritismo*, de Allan Kardec, que há uma parentela corporal e outra espiritual, ambas exigindo respeito, união e solidariedade...

Hodiernamente, em face dos referidos fenômenos sociológicos que sacodem a organização grupal, a família tem sido a sua grande vítima, necessitando, portanto, de uma nova constituição, que não pode prescindir dos inamovíveis pilares do amor, do respeito, dos deveres entre todos os membros, assim como em relação à sociedade.

Jamais a família desaparecerá, porque a criança dependente nos braços adultos inspira ternura e devotamento, trabalhando as emoções para o entendimento e a comunhão dos genitores em sua volta, dando surgimento ao grupo consanguíneo e à afetividade mais pessoal.

As mudanças continuarão ocorrendo, conforme as conquistas de cada época, sem que a família perca os seus alicerces de segurança, quais sejam: a fidelidade ao grupo, o amparo recíproco, a proteção, como decorrência do sentimento de amor, preparando para a união com as demais associações, na identificação universal.

Os modismos inevitáveis, que caracterizam os períodos de mudança, chegando aos abusos que se generalizam, serão ultrapassados, logo depois, por causarem danos íntimos às criaturas que têm sede de entendimento e de afetividade, de equilíbrio e de moralização, ânsias de paz e de alegria real de viver.

Os atuais formadores e multiplicadores de opinião, que ridicularizam a família, banalizando os compromissos do ninho doméstico, são vítimas dos lares desajustados que os geraram, confirmando o absurdo de tal conduta, em relação a outros cidadãos ordeiros, fomentadores do progresso e construtores da ordem e do bem-estar em toda parte.

Reflexionando neste novo programa de construção da família moderna e saudável, o Espiritismo, com os seus nobres conceitos de ética-moral, fundamentados na crença em Deus, na imortalidade, na comunicabilidade dos Espíritos, na reencarnação, oferece os *pilotis* vigorosos para que se torne realidade o clã de paz e de amor que todos anelam.

30

CONSTELAÇÃO FAMILIAR PERENE

Reconhecendo que a constelação familiar é uma experiência transitória no processo da evolução espiritual do ser, portanto, temporária, em razão daqueles que a compõem, provindos de diferentes grupos, todos necessitados de crescimento interior e de iluminação, concluída a sua etapa, tende a tornar-se perene na memória dos seus membros.

Cabe, desse modo, aos genitores, a imensa alegria que se deriva da oportunidade de haver recebido, nos braços da afetividade, Espíritos de variada procedência, amigos de ontem ou adversários de épocas anteriores, que se reuniram pela consanguinidade, a fim de encontrarem o rumo da paz, ensaiando recomeços e reparações, em processos penosos de expiação ou em tarefas missionárias de redenção.

Vendo esses filhos, agora adultos, devem agradecer a Deus a ventura de se haverem desincumbido com rigor do compromisso aceito, após se terem dedicado com abnegação e amor na edificação de todos, embora os resultados não se apresentem conforme foram anelados.

Cada Espírito é responsável pelo próprio destino e ninguém, senão ele próprio, dispõe dos meios para modificar-lhe a trajetória, sendo a educação moral responsável por oferecer-lhe os equipamentos hábeis à conquista da felicidade, e o meio familiar como social complementos de alto valor para o sucesso do empreendimento evolutivo.

Em face disso, todos os esforços hão de ser oferecidos pelos genitores, que não devem medir sacrifícios, empenhando-se com a lucidez mental e a emoção afetiva para que os resultados sejam positivos. Entretanto, nem sempre serão conforme esperado, porquanto cada ser tem as suas próprias aspirações, vincula-se a projetos que melhor lhe sensibilizam, sintoniza com os ideais que mais lhe falam à sensibilidade...

Se algum dos filhos não alcançou o patamar que foi programado, isso não deve ser considerado como fracasso da educação, porquanto a felicidade apresenta-se em variada gama de expressões, tendo características muito especiais, de forma a atender a cada pessoa dentro da sua aspiração.

Nem sempre a posição social relevante, a projeção artística ou cultural, política ou religiosa, o destaque financeiro e o patrimônio acumulado constituem ventura para todos os indivíduos. Uns anelam por esse tipo de realização, mais preocupados em apresentar-se como triunfadores, embora crucificados em dores cruéis no mundo íntimo, ou experimentando sofrimentos silenciosos de que ninguém se apercebe. Outros contentam-se com as pequenas alegrias que se derivam das coisas simples e modestas, experienciando prazeres e autorrealizações que muitos desconhecem. Outros mais ambicionam o poder, sob qualquer forma em que se apresente, lutando para

Constelação familiar

conquistar títulos universitários, disputando posições políticas e sociais, destacando-se na Ciência, na Tecnologia, na Arte, na Religião, dominados pela volúpia da aquisição da fortuna endinheirada que supõem proporcionar a felicidade...

Sucede que cada Espírito possui a sua própria visão em torno da autorrealização, existindo, inclusive, aqueles que se deixam arrastar pela indolência, pela inutilidade, pelo desvario, pelo crime, sintonizando com entidades perversas que se comprazem em afligir e amargurar em processos diversos de obsessões complexas.

Aos pais, conscientes das suas responsabilidades, cabe a tarefa de encontrar-se receptivos aos filhos que os busquem na situação em que se encontrem, ensejando-lhes renovação e entusiasmo, expondo sem impor, o que possa contribuir para que reencontrem o rumo aqueles que se perderam, ou prossigam os bem-sucedidos.

Jamais se deve pensar em sofrer pelo outro, em considerar-se fracassado, porque os filhos não atingiram as metas que lhes foram estabelecidas pelo desvelo e devotamento dos genitores.

Por maior que seja o amor devotado a alguém, ninguém pode impedi-lo de viver as próprias experiências, atravessar os caminhos que lhe proporcionarão sabedoria e amadurecimento, realizando as atividades que lhe dizem respeito, porque se o fizesse, condená-lo-ia à inoperância e à inutilidade.

A consciência do dever retamente cumprido oferece aos genitores o discernimento para que compreendam os sucessos ou os fracassos de algum dos filhos que lhes foram confiados pela Divindade.

Transferir para si a responsabilidade pela ocorrência inditosa é imaturidade emocional e debilidade espiritual.

Sofrer, porque eles não alcançaram os elevados patamares das situações privilegiadas da Terra, significa agasalho na culpa, em ato inconsciente de que não fizeram tudo quanto deveriam.

Ninguém é capaz de ultrapassar os próprios limites, e a vida é feita de inúmeros deles, que vão sendo vencidos a pouco e pouco, no carreiro das reencarnações.

Da mesma forma, não se pode modificar o comportamento de um Espírito rebelde, que vem na condição de filho, fruindo dos recursos do amor que lhe é dedicado e de uma saudável educação, se procede de inúmeras existências viciosas, comprometidas com o erro, com o crime, com a desolação. O patrimônio de amor e de ternura que ora lhe é oferecido, ficará adormecido e ressurgirá em germe oportunamente, noutra existência, alimentando-lhe a esperança, estimulando-o ao avanço, encorajando-o nas dificuldades...

Nada se perde em a Natureza, especialmente no que diz respeito aos investimentos do amor.

Assim, a família que resultou da união de Espíritos de diversas procedências, unindo-se pela consanguinidade, embora a temporalidade da convivência, abre espaços para uma futura constelação perene, quando todos os seres se considerarão irmãos e lutarão juntos, porque reconhecem a Divina Paternidade.

É agradável aos pais ouvirem encômios em referência aos filhos, acompanharem os triunfos terrenos, participarem das glórias e das emoções dos momentos de exceção, no entanto, há muitos descendentes que não conseguem as vitórias externas, porém logram insculpir no imo as lições de

Constelação familiar

amor e de solidariedade, de família e de afeto, que fruíram no lar, trabalhando em favor da nova sociedade espiritual do Planeta de maneira silenciosa...

Os pais têm o dever de estar vigilantes em relação à prole, em todas as épocas, porquanto, mesmo quando esta se apresenta adulta, continua credora de carinho e de aprendizagem dos mais idosos, que venceram as etapas que ora lhes são apresentadas.

Essa vigilância, porém, não deve ser inibitória, castradora, solicitando prestação de contas dos comportamentos e das aspirações que lhes sejam íntimas e pessoais, portanto, intransferíveis.

O êxito de uma constelação familiar pode ser medido pelos resultados de união e de amizade, pelos vínculos que se estreitam e prosseguem, mesmo quando cada membro avança no rumo do seu destino, transferindo para a sociedade os benefícios de que se fez portador.

Havendo, no entanto, algumas situações difíceis, que não foram resolvidas, vale a pena confiar-se no futuro e na Misericórdia Divina, que não deseja a morte do iníquo, mas o desaparecimento da iniquidade...

A constelação familiar, à semelhança de um conjunto de astros no zimbório celeste, é parte importante da imensa galáxia espiritual sob o comando e afabilidade do Pai Criador.

Este livro foi impresso na
LIS GRÁFICA E EDITORA LTDA.
Rua Felício Antônio Alves, 370 – Bonsucesso
CEP 07175-450 – Guarulhos – SP
Fone: (11) 3382-0777 – Fax: (11) 3382-0778
lisgrafica@lisgrafica.com.br – www.lisgrafica.com.br